老屋顏與鐵窗花

台湾レトロ建築さんぽ

鉄窓花を探して

文・写真：辛永勝・楊朝景
訳：小栗山智

X-Knowledge

序

気付けば台湾をまた何周もしてしまった。８年来、私たちはこのマイナーな活動を地道に続けてきましたが、カメラに収めてきたのは、決してグルメなレストランでもおしゃれなショップでもなく、さまざまなスタイルの鉄窓花《ティエチュアンホア》でした。撮影のきっかけを訊ねられる度に思い起こされるのが、２０１２年の台南の路地めぐり。当時高雄に住んでいた私たちは、休日になると自転車で近隣の町へよく出かけていました。子供のころに見た街並みは変わってしまっただろうか、そんな思いが二人にあったのだと思います。私たちが真っ先に選んだ行き先は、かつて長く住んだことがあり、何度も訪れたことのある台南《タイナン》でした。幼いころの思い出話をしながら、懐かしさと新しさが混じり合う路地を記憶を頼りにめぐり歩いてはシャッターを切り、そのうち日常の風景がこんなにも美しいことに気付いたのです。なぜ台南の路地がここまで人を惹きつけるのか。「ここに並んだ家は同学や親戚と一緒に建てたもので、建物の形式は同じでも、各家で使われているタイルや鉄窓花はどれも違う。どこよりも素晴らしい家にしたいという気持ちから、装飾には特にこだわったのでしょう」たまたま出会った家の主のこの言葉が、私たちのレトロ建築への興味を強くかき立てたのでした。

なんとも味わい深いレトロ建築。それから数か月、私たちはあちこちの町を回り、建物に見られる装飾のディテールを細かく記録しました。その種類は多岐にわたり、タイルからテラゾー（人造大理石）、レトロ感たっぷりの手書き看板、さらには材質はシンプルながら変化に富んだ鉄窓花まで、民家の装飾がこんなにも豊かだったのかと気付かされたものです。家主たちとの話のなかで、彼らの窓と家への思いの深さを感じてからは、かつては汚名を着せられた鉄窓花に目を留めることが多くなっていきました。日記を綴るように写真と文章を個人のFacebookに投稿し始めると、忘れていた時間を取り戻したと友人たちから続々とコメントが寄せられました。当時、レトロ建築はそれほど注目されておらず、私たちはもっと多くの人々にその魅力を伝えようとFacebookページ「老屋顔《ラオウーイエン》」を立ち上げ、写真と文章を通じて古い建物の美しい姿を紹介する活動をスタートさせました。

その間も写真での記録は中断することなく続けていました。台湾のレトロ建築をより完全に記録するため、2013年からは地方へ足を伸ばす回数を増やすと同時に、アート・イン・レジデンスの機会をとらえて台中《タイジョン》、板橋《バンチャオ》（新北市）、花蓮《ホアリエン》・台東《タイドン》などにショートステイし、地元の生活に融け込みました。

当時はフィールドワークの度に「再開発業者？ それとも衛生調査員？」などとよく尋ねられたもので、古い建物を撮影する人などあまりいなかった上、確かに大変な作業でもあったので、そう誤解されても仕方のないことだったのでしょう。

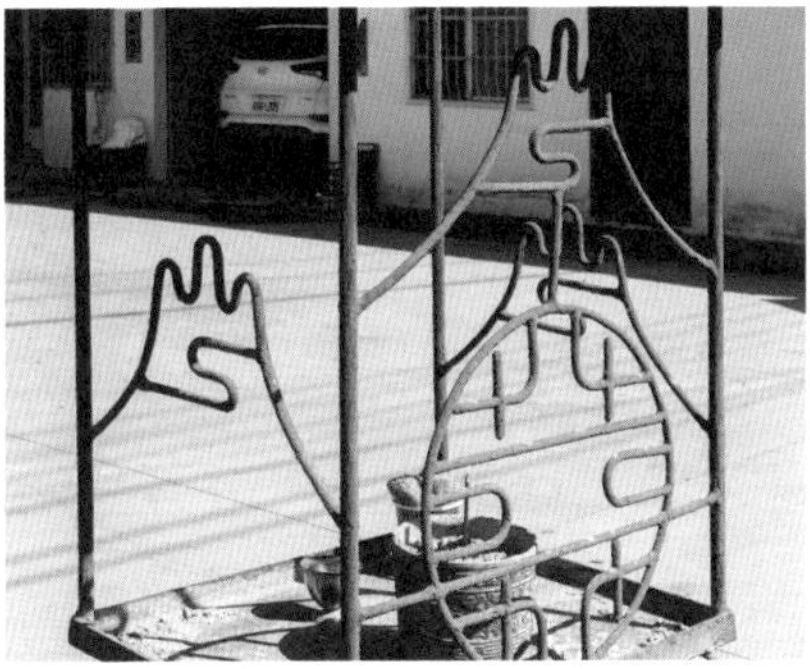

そのうち、そんな質問にも流暢に受け答えできるようになり、幸運にも初めての著作が刊行されてからは、本とメディアをはじめさまざまなルートを通じて「老屋顔」とその物語を広く伝えることができるようになりました。

台湾は人情味にあふれている——そのような思いに今も変わりはありません。「本を書くのは商品を売るためだ」と鉄窓花グッズの業者に面と向かって揶揄されたこともありましたが、それでもレトロ建築を記録しようという情熱が消えることはありませんでした。何年も続けてきたこの活動のなかで、私たちはいつでも家主の人々の温かい気持ちを感じていました。

老屋顔の活動は国や財団のサポートを受けたことはなく、収集した内容もレトロ建築愛好家から提供された情報以外は、すべて二人が実際に各地を回って地道にコレクションしてきたものです。旅のなかで、私たちはよく鉄窓花の前で足を留め、その物語を聞くことができるのであればと、ぶしつけにも自分たちから家主に声をかけることもありました。目的を説明すると、彼らは決まって優しい笑顔になります。お爺さんやお婆さんは、孫を可愛がるかのように果物や青草茶（台湾の昔ながらのハーブティー）を振舞い、わざわざ仕事の手を休めて家にまつわる話をしてくれました。また鉄窓花の模様に見入っていると、警戒するどころか気前よく家の中に案内してくれることもありました。外から見た鉄窓花と家の中から見た鉄窓花――そこにあるのは冷たい防犯設備だけではありません。家の中から鉄窓花越しに見る町の風景は、まるでフィルターをかけた写真のようで、家主だけが眺めていた日常の風景を僕たちもお裾分けしてもらった気分でした。

近年、レトロ建築は次々と姿を消しています。これまで記録してきた建物が取り壊されたり、リノベーションされたりすれば、美しい鉄窓花は写真の中で偲ぶしかありません。記録が間に合わないことを怖れ、私たちは撮影を積極的に進めるばかりでなく、鉄窓花の情報が入れば台湾南北のどこへでも車を走らせています。しかし、この時間との勝負に必ずしも勝てるわけではありません。ほぼ完全な姿で取り外された鉄窓花が高値で取り引きされる品となった時は、複雑な気持ちに襲われたものです。特に特殊な図案の鉄窓花の多くは、その家の家族の気持ちがこもったものであり、取り外された後に持ち主が変わったり、または許可なく復刻されたりすれば、鉄窓花本来の意義を失ってしまいます。レトロ建築の取り壊しを知ると、私たちは家の主と連絡を取って古い鉄窓花を残すようお願いしていますが、老屋顔のここ数年の活動が影響してか、ますます多くの家主がリノベーションの際に鉄窓花を残すことに理解を示し、街なかの民家の風景が保存されるようになっています。

本書では各地の鉄窓花の風景を収め、幾何学模様や曲線で構成されるベーシックな模様、めでたさを寓意した草花や動物など、図案のラインや色、背後の物語を通して、初期の台湾民家に秘められた温もりを伝えます。民家の面格子に対する決まり切ったイメージを覆し、同時に日常生活に存在する美しさにも目を向けてもらいたい――それが私たちがこの本に込めた願いです。廃れゆく古建築の装飾は鉄窓花ばかりではありませんが、建築の変化に伴い、これらの装飾が街の景観ともはや相容れないのであれば、意図的な複製は決して最良の選択とは言えません。しかし、現存するレトロ建築を鑑賞の対象として大切にしていけば、歳月の洗練を受けた古びた鉄窓花もまた、再び美しい老屋顔を見せてくれるはずです。

装丁

岩元萌
（オクターヴ）

第一章

鉄窓花と出会う

1 鉄《ティエ》窓《チュアン》花《ホア》の歴史

旧基隆港合同庁舎の八角形通風窓

長い間、台湾では鉄窓花（鉄製の飾り格子）は時代遅れの産物と見なされ、鉄窓花と聞けば古く錆びついたもの、手入れが面倒なもの、避難時の妨げになるもの、などマイナスの印象が時間と共に定着していきました。

私たちは2012年から台湾各地の鉄窓花を写真に収め、窓辺の美しい景色や忘れられつつある文化の物語を数多く記録してきました。これらを記録し伝えることで、古いものが決して醜いものではないことを人々に知ってもらいたい、それが私たちの願いでした。人々の身近で花開きながら見過ごされがちな鉄窓花は、私たちの日常生活に寄り添う存在であると同時に、それは美しさをたたえた、台湾文化の根底を成すものなのです。

「鉄窓花」の定義

いわゆる鉄窓花とは、鉄工職人が鉄製のパーツを折ったり曲げたりしながら、これらを溶接して仕上げる窓の飾り格子のことです。これらのパーツが織りなす変化に富んだ模様は、あたかも庭園に咲き乱れる花々のようです。マレーシアやシンガポールなど東南アジア地域の華人はこうした装飾性の高い鉄製品を「鉄花」と呼んでいますが、台湾では窓の面格子として使われることが多いため「窓」の字を加え、窓の飾り格子としての機能を強調した呼び名になっています。

一方、「鉄窓花」と称すべきなのか、または「鉄花窓」とするのかついては、実はどちらの呼び方も存在します。伝統建築の窓周りの木彫や透かしブロック、さらに

昭和12年(1937)にできた旧日本勧業銀行台南支店。現在は台湾土地銀行の台南支店となっている。

は旧正月の飾りとして窓に貼られる「剪紙」（切り絵）も「窓花」（窓を飾る装飾）と呼ばれていますが、私たちが台湾の鉄製面格子を鉄窓花と呼ぶのは、このような装飾効果を備えた「鉄製の〝窓花〟」という意味合いを込めているためです。また、このような鉄製パーツを使った装飾工芸は窓の面格子だけでなく、階段の子柱やベランダの柵、通気口などにも多く見られるため、「窓」ではなく「花」（装飾）の文字を最後に置いた「鉄窓花」の呼び名の方がよりしっくりきます。

以上をまとめると、「鉄またはその他金属を主な材料とし、切断、折り曲げ、溶接、ほぞ継ぎなどの技法により通風性のある図案に組み合わせ、建築の外部または内部

左:旧日本勧業銀行台南支店　右:旧台南合同庁舎　いずれも日本統治時代の金融機関や官公庁の建物。

の開口部に設置し、外部からの侵入防止、安全のための防護、境界の区切り、支えの強化、装飾などの機能を持つ構成パーツ」を鉄窓花と総称します。

「鉄窓花」の発展

台湾の建築物における鉄窓花の歴史は長く、日本統治時代（1895〜1945年）には官公庁や金融機関の建築にも使用されていたという記録が残っており、今でも防護と美化のために保存されている鉄窓花を目にすることができます。例えば旧基隆《ジーロン》港合同庁舎内にある八角形の通気窓（1934年、現基隆海港大楼）、旧勧業銀行台南《タイナン》支店外側の鉄製面格子（1936年、現台湾土地銀行台南支店）、旧高雄《ガオション》駅の牛眼窓（丸窓）装飾（1941年、現高雄願景館）などで、鋳鉄によるこれらの欄干や面格子は次第に民間の有力者の邸宅、洋風建築、「街屋《ジェーウー》」（店舗を併設した細長い住宅が連なった建築）などにも取り入れられるようになっていきました。今も人々の住まいを観察しながら歩いていると、窓の手すりや欄干、窓の面格子にさまざまな鉄窓花の姿を見ることができます。

日本統治時代初期、植民政府はアジア随一の現代国家の実力と決意を見せつけようと、台湾で新たに建てた官公庁建築に欧州様式を採用し、鉄窓花にも藤づる、巻き草、草花、S字型の渦巻きなど洋風模様が多く取り入れられました。1920〜30年代には世界の建築様式の変化に合わるように、直線的な装飾を特徴とするアールデコ

旧高雄駅は昭和16年（1941）につくられた、台湾でも数少ない帝冠様式の建築。鉄道の地下化に伴い、一時的に移動させたが、新駅ができると元の場所に戻され出入口となった。正面両側に円形の「牛眼窓」の鉄窓花が当時のまま残されている。

金門の「番仔楼」に取り付けられた鉄窓花は、
海賊から家を守るための重要な防犯設備だった。

様式の建築が建つようになります。特に1923年の日本関東大震災、1935年の台湾中部大地震の後には、台湾にも鉄筋コンクリートによる建築構造の強化技術が導入され、例えば彰化県鹿港の中山路の街屋は、当時の市区改正計画により道路が拡張され、再建された建物正面はアールデコ調の簡潔なデザインへと変わり、鉄窓花の装飾も幾何学的なラインを中心としたものとなっていきました。

同じく1930年代、日本政府の統治下にはなかった金門《ジンメン》（福建省南東沿海の島）では、異なる政治体制や経済状況のなかで洋風建築ブームが巻き起こっていました。当時、金門の人々は生活のために故郷を離れ、アモイを経て現在のマレーシア、シンガポール、インドネシアなどヨーロッパの統治下にあった南洋地域へ出稼ぎに出ていましたが、このうち成功を収め財を成した者が故郷に洋風建築を建てたのでした。東南アジアのコロニアルスタイルを備えた金門の洋風建築は「番仔楼《ファナラウ》」と呼ばれ、屋内の部屋の間取りから外観の中洋折衷の装飾に至るまで、伝統的な閩南《ビンナン》建築のそれとはまったく異なるものでした。成功の証として建てられた番仔楼ですが、海賊の標的ともなっていたため、建物の防犯設備が特に重要視されました。防犯のための鉄製の面格子や鉄門には、洋風建築によく見られる装飾のほか、仙桃（食べると不老不死になるとされる伝説上の桃）などの東洋的なデザインや、なかには中華民国の晴天白日の国章をモチーフにしたものもあり、当時の金門が日本の統治下にあった台湾本島とまったく異なる政治体制下にあったことがうかがえます。

1937年、第二次世界大戦が勃発すると台湾の鉄窓花の歴史も中断してしまいます。世界情勢が混迷するなか、日本政府は「金属類回収令」を発令し、民家に取り

黄輝煌洋楼は金門でも有数の華やかな洋風建築。
何重もの防犯措置が取られており、
正面の鉄窓花もそのひとつ。

付けられていた鉄製の面格子や欄干を物資として徴集しました。このため日本統治時代の鉄窓花の多くは写真でその姿を偲ぶしかありません。

　１９４５年に戦争が終結し、台湾島で生産された鉄鋼のほとんどが戦後の再建に充てられましたが、生産量が少なかったこともあり、民間にはあまり渡らない状況でした。１９６０年代末になると、台湾では農業から工業へと産業構造が転換し、経済の飛躍的な発展を背景に、住宅もレンガ造りの平屋から「透天厝《タオティーツウ》」（単独または複数並んだ3～4階建ての台湾式戸建て住宅）やマンションなどに建て替えられていきました。そして１９７１年に鉄鋼メーカーの中国鋼鉄が設立されると、市場にも数量、品質、価格の安定した鉄材が供給されるようになり、建築物への応用もより幅広いものとなっていきました。民間住宅における鉄窓花の文化は、こうして急速に形づくられていくことになったのです。

　このころの鉄窓花の主な働きは防犯であり、人々は破壊されやすい木製の門を鉄門に取り換えたり、泥棒が侵入しやすい1～3階の窓の外に鉄製の面格子を設置したりしました。しかし単調な面格子では「鉄格子」を連想させるため、住民や鉄工職人は鉄窓花に色とりどりの模様を取り入れ、なかには店の看板、店名、電話番号、さらには看板商品を鉄窓花に取り込み、宣伝を兼ねたものも少なくありませんでした。換気窓や小窓の面格子、窓の手すり、またはベランダの欄干に設けられた鉄窓花は、セメントやタイルの壁面に合わせて材質を変え、より繊細な装飾を施すことで建物に豊かな表情を添えました。このほか戦後の台湾建築「楼仔厝《ラオアーツウ》」（2階建て以上の住宅）の階段に取り付けられた手すり、主

柱や子柱にも鉄窓花がよく使われ、1960〜80年代にかけて鉄窓花は台湾建築のさまざまなところに登場し、特色ある景観を形成していきました。

消えた「鉄窓花」

鉄窓花が大量に使用されていた全盛期とは対照的に、現在の都会ではその姿をほとんど見かけることはありません。鉄窓花が台湾から消えゆく過程は、視点を変えれば台湾における現代建築と建材の発展史だったと言えます。1980年代末に流行し始めたステンレス材は、錆びやすく、頻繁にペンキの塗り直しが必要な鉄窓花の欠点を一掃するものでした。当時、築20年前後の建物の多くが、タイルの剥落した壁面や劣化したセメントの修繕工事に合わせ、鉄製の面格子をステンレス製のものに交換しました。ステンレスは手作業による捻りや折り曲げが難しいため、水平または垂直に並べた柵状のものが多く、鉄窓花のように多様な模様の入ったものはあまり見かけません。しかし、早さと新しさを追求する当時の風潮のなかで、防犯効果の高さ、手入れのしやすさ、設置の容易さなどからステンレス製面格子は高い人気を誇りました。

　1998年の「都市更新」（都市再開発）の立法化と1999年の台湾中部大地震からの復興のため、各地で都市再開発が加速し、台湾の住宅と街並みはふたたび変貌を遂げることになります。新しく建てられた建物はより高くより大きくなり、デザインも現代的で、完備したセキュリティと警報システムにより、泥棒も窓から容易に侵入できなくなりました。防犯を主な目的としていた鉄製の面格子は当然のことながら淘汰を余儀なくされ、鉄窓花は建物のフェンスや住宅のプライベートエリアに設けられる柵など、ごく一部に用いられるに留まりました。こうして鉄窓花が花開く昔ながらの家屋はその歴史に終わりを告げることになったのです。

　建材の変化に加え、人々が抱くマイナスの印象もまた鉄窓花が姿を消す原因の一つでした。

　鉄窓花は街の景観を損なう「都会の鉄牢」であると非難する声もありますが、私たちが台湾各地を訪ねて見つけた古い鉄窓花は、鉄窓花こそが台湾の古い建築の美しさを引き立てる重要な要素であることを教えてくれました。単調で牢獄のような印象を与えるようになったのは、逆に現代に入ってからでしょう。文学作品では牢獄生活を「鉄格子の人生」と喩えることがありますが、決して鉄製面格子そのものが牢屋のようだ、という意味ではありません。それに、現代の監獄にも美しい鉄窓花は存在します。例えば嘉義《ジャーイー》旧監獄の待合室には、花をかたどった見事な鉄窓花があります。

　鉄窓花に反対するもう一つの声に、避難時の妨げになるというものがあります。災難の発生時、確かに鉄製面格子があると外に出にくくなるため、面格子に避難用の窓を開け、普段は鍵を掛けて定期的に手入れをする必要があります。

鉄窓花の存在は避難に手間がかかる要因ともなっていますが、普段は家族を守る防犯の役目を担っているのも事実です。それにどんなに充実した防災、防犯措置も決して万全ではありません。それ以上に重要なのは鉄製面格子や鉄門の錆止めの手入れを行ったり、鍵がすぐに開閉できるかどうか定期的に確認したり、または避難ルートの障害物を撤去するなどの平時からの対策です。防犯と避難は相矛盾するものではなく、慎重にバランスをとらなければならない関係にあるのです。

誰にでも自らが住まう住居の姿を変える権利はあります。古い家を取り壊すのにはそれなりの理由があるでしょうし、逆に元の建築を保存して活用しようという人も少なくありません。もし、取り壊して建て直すことで、住まいの質も高めることができるのであれば、建て直しを止める理由はありません。家屋の改築により鉄窓花が撤去されてしまう状況に、部外者である私たちは残念に思うことしかできませんが、居住の安全に影響を来さない範囲で、独特な特色を持った鉄窓花をできる限り残してほしいと切に願うのです。鉄窓花を室内の仕切りや家具のパーツとして再利用すれば、この先も半世紀来の台湾の物語を語り継ぐ重要な媒介となるはずです。

金門の洋楼と一般の民家の鉄窓花。

2 材料の種類と製作工程

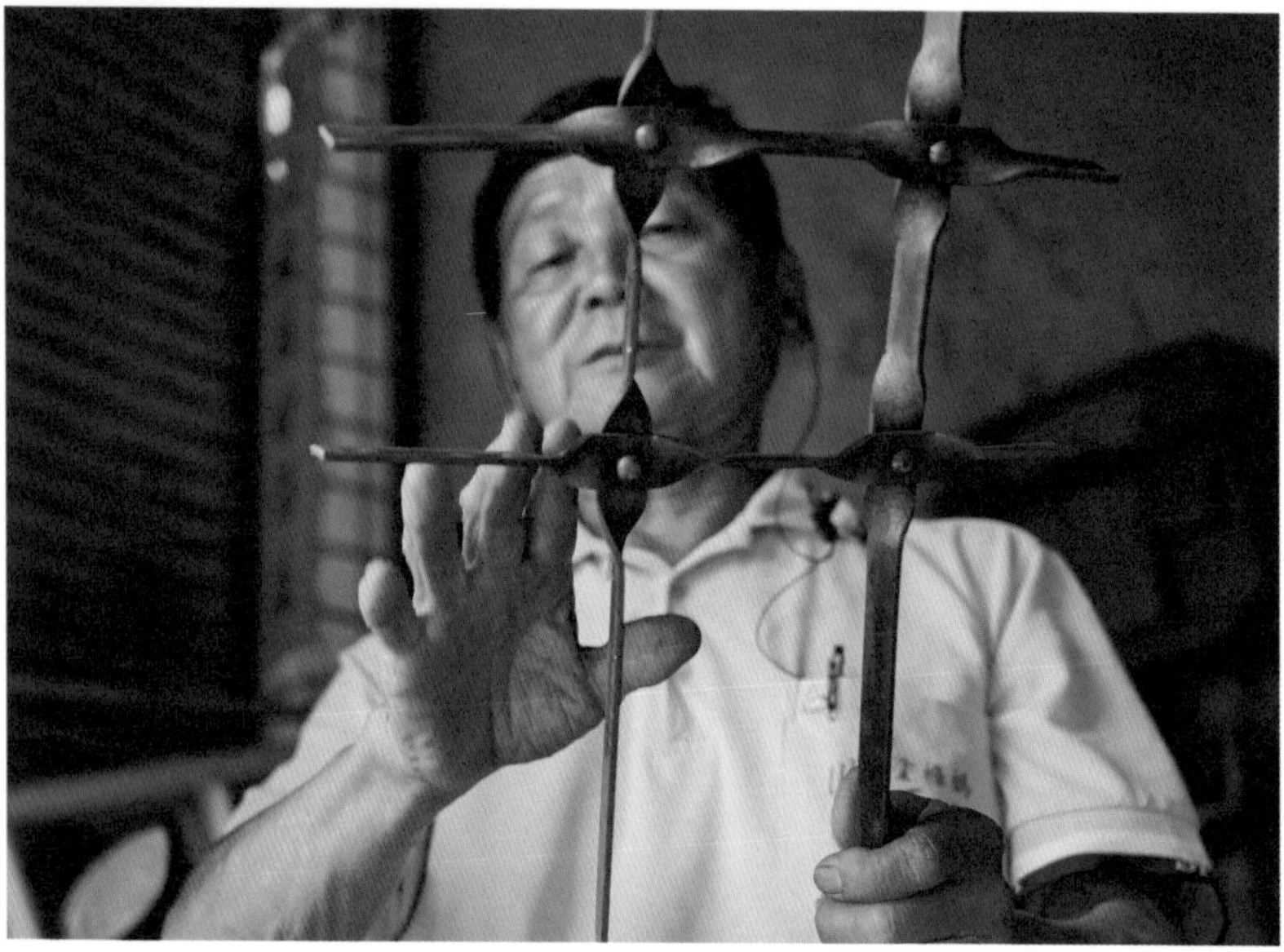

材料は同じなのに、少し形を変えるだけでまったく違った効果が得られることがあります。麺屋で出される麺は同じ小麦粉を材料としていても、太さや形の違いで食感までも変わってきます。同じように鉄工所に仕入れられる鉄材にはさまざまな形状をしたものがあり、そこから多様な製品が生み出されていきます。鉄窓花の製作によく使われる鉄材は、厚さ約3ミリの鉄板を幅18ミリ裁断した平鉄（平たい帯状の鉄材）で、この厚みであれば手作業による折り曲げも容易であり、防犯のための強度も確保できます。また、見た目も繊細で軽やかなため、視覚的な圧迫感もありません。

平鉄は鉄窓花のラインや曲線を表現するのに適しており、特殊な幾何学模様や、必要な口径に平鉄を巻いていけば、円形にすることもできます。丸棒も鉄窓花によく見られる材料で、口径サイズの異なる丸棒を組み合わせれば、図案を描く線の太さに変化を与えることができます。防犯面からいえば、厚みのある丸棒や角棒は平鉄より破壊されにくく、ディテールの表現に制限はあるものの、機能性を重視するオーナーには喜ばれるでしょう。鉄窓花のパーツをつなぐリベットが「点」、平鉄を「線」とすれば、「面」を構築する枠は鉄窓花と窓枠をつなぐ重要な部分となり、角棒はこの枠づくりに最

元鉄工職人の林さんが鉄窓花の昔の製作工具について説明してくれた。
❶❷❸ 縦と横の平鉄が交わる部分は「ひねり法」がよく使われ、平鉄の左右両側を固定して作用点とし、自家製のスパナで鉄材を90度ひねった後、中央部分をリベットで留める。
❹❺ 渦巻き状に成形するための型。

適です。このように職人は各形状の鉄材を巧みに使い分けて鉄窓花を完成させるのです。

麺屋を例に挙げましたが、食材の種類（形状）や味が各店によって違っていても、厨房の設備や作り方にはさほど大きな違いはないはずです。では美味しさの決め手はどこにあるのかというと、それは作り手のちょっとした工夫です。かつて各地で勢いよく花開いた鉄窓花もまた、職人が独自のアイディアを取り入れていました。そのアイディアに基づき、鉄窓花の製作工程を次のようにまとめました。

[1] 注文を受けた後、鉄窓花を取り付ける現場で採寸し、オーナーが指定するデザイン、または職人

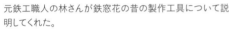

自身のデザインを設計図にする。
[2] 材料を準備し、鉄用ハサミ、金属切断機、グラインダーなどの各種工具を用い、鉄材を必要な長さに切断。バイスやレンチで固定した鉄材を型に当てながら必要な形にし、各パーツを組み合わせる。
[3] 最後に各パーツが交わる箇所をアーク溶接やティグ溶接で接合し、鉄窓花の模様を作っていく。
[4] 鉄材を90度ひねる「ひねり法」という製作法もある。平鉄が縦と横に交わる箇所から前後約6cmのところで90度ひねり、縦横の鉄材が交わる中央部分にドリルで孔を開け、ネジやリベットで固定させる。90度ひねらせることで正面から見た平鉄の幅に変化が生まれ、十字型に交差したところは4弁の花のようにも見える。「ひねり法」のみで製作された鉄窓花はそれだけで基本的な防犯機能を備えるが、これに草花や文字などの図案を添えることもできる。台湾の鉄窓花でもっともよく見られる技法。

1

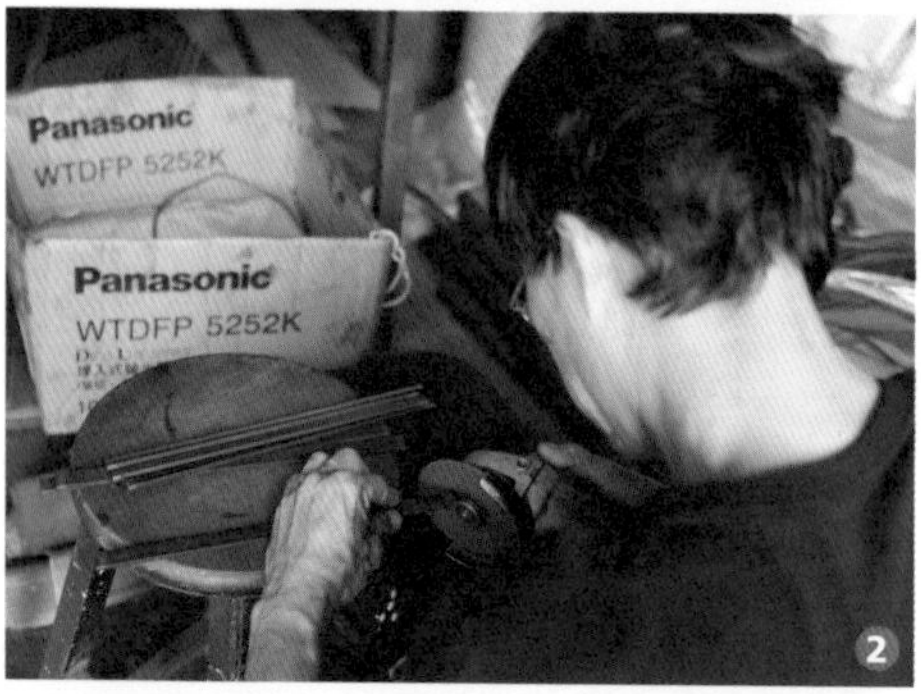

2

3

阿文師さんが鉄窓花の基本的な製作工程をデモンストレーション。
❶ 鉄材を必要な長さに裁断。
❷❸ ケガをしないよう鉄材の両端を研磨。より精確な寸法に。
❹ 型を使って鉄材を曲げ、基本パーツを作成。
❺❻❼ 基本パーツの並べ方によって多様な図案ができる。
❽ 並べたパーツを溶接して固定。

❼

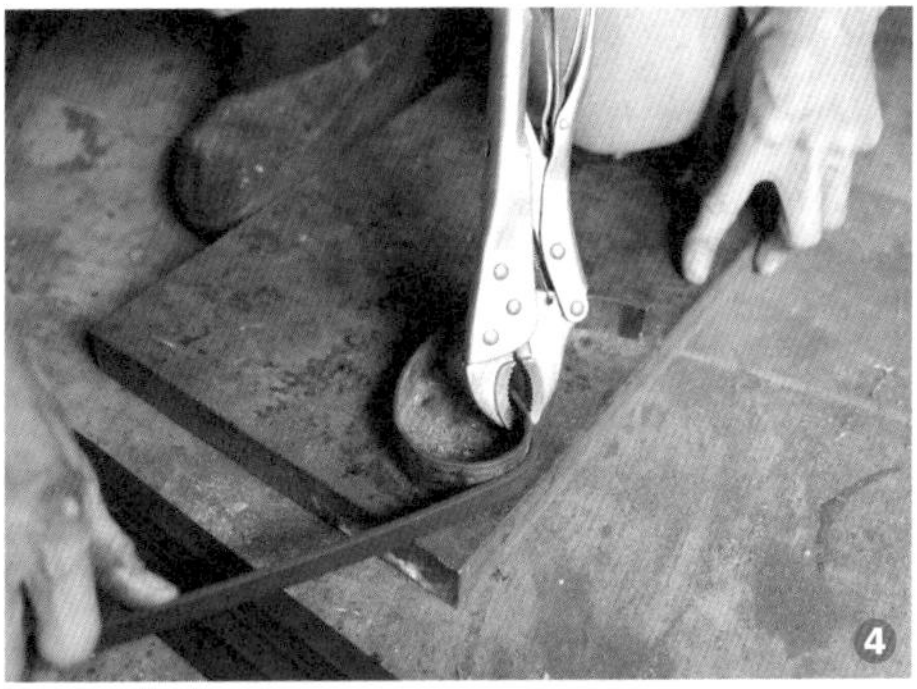
❹

❺

❽

❻

私たちも実際に鉄窓花の製作に
チャレンジさせてもらった。
写真は私たちに溶接方法を指導してくれる
鉄工職人の高さん。

第二章
タイプ別鉄窓花

1

山形

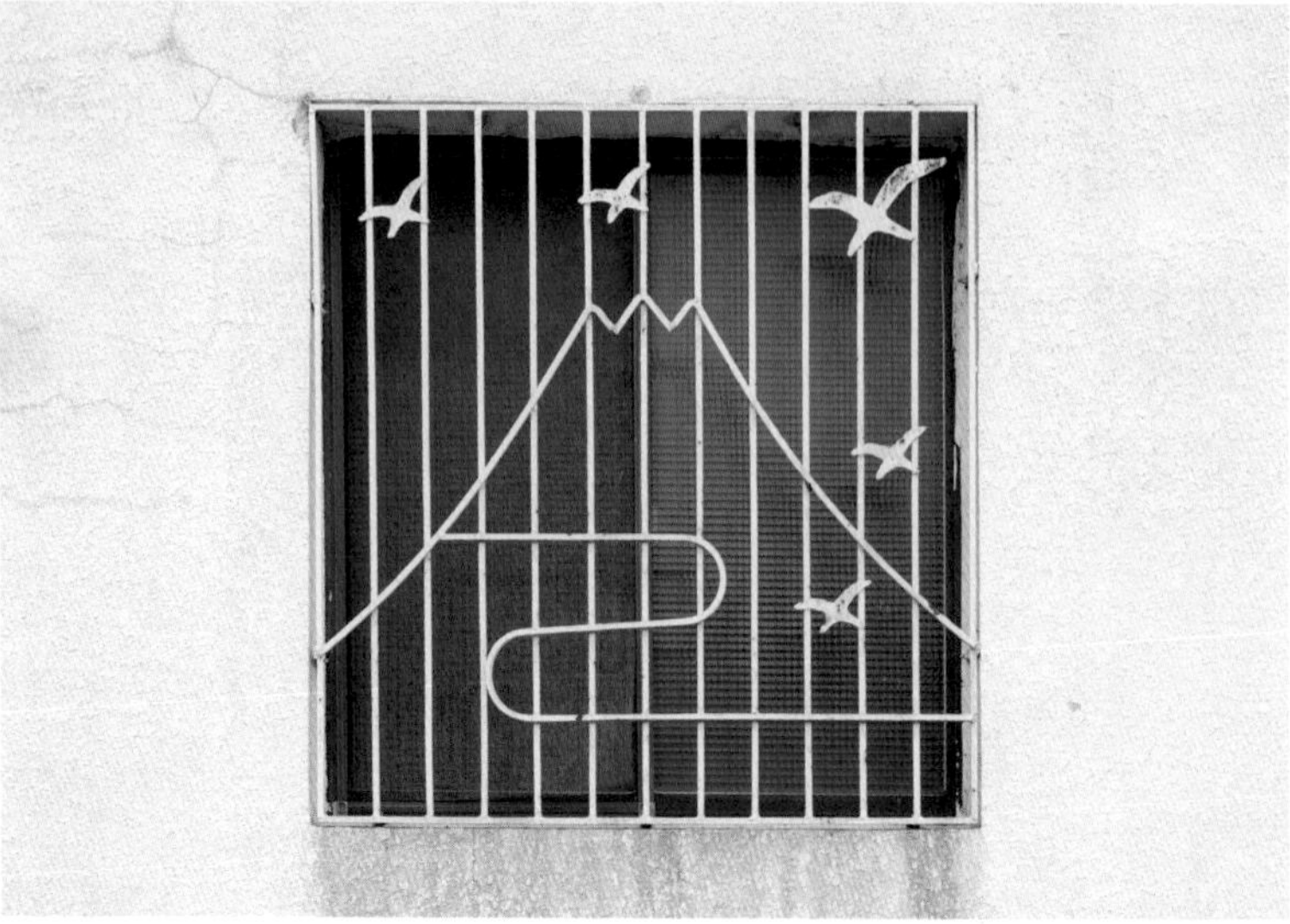

さまざまな形の峰が連なる民家の窓

初めて山形の鉄窓花を目にしたとき、言葉にできない懐かしさに足を止めたのを覚えています。その理由は、帰省した折りにようやく分かりました。かつての通学路に沿って車を走らせると、路地の角に立つ三代続く雑貨店の店先では今もご近所さんが集まって将棋を楽しみ、向かいの薬局には数十年前と変わらない色褪せた看板が掛かっていました。と、そのとき目に飛び込んできたのは、古い家屋の側壁の、多肉植物に埋もれた山の形をした鉄窓花、そしてその下で戯れる幼いころの自分の姿でした。私が感じた懐かしさは、子供のころの鉄窓花への記憶だったのです。

鉄窓花の世界では、山は家の面格子や柵をはじめ、階段の子柱などによく取り入れられるデザインです。山頂から対称になった山腹の輪郭を一筆書きのように描き、S字型にくねらせたラインは山にかかっていれば雲霧、麓にあれば川となり、まるで一幅の風景画のようです。山形の鉄窓花は構図もシンプルで使用する鉄材も少なく、職人にとっては製作時間がかからず、家の主にとってはコストのかからない模様でした。

同じ山形の鉄窓花でも、
太陽をアクセントに加えただけで
違った味わいが生まれる。

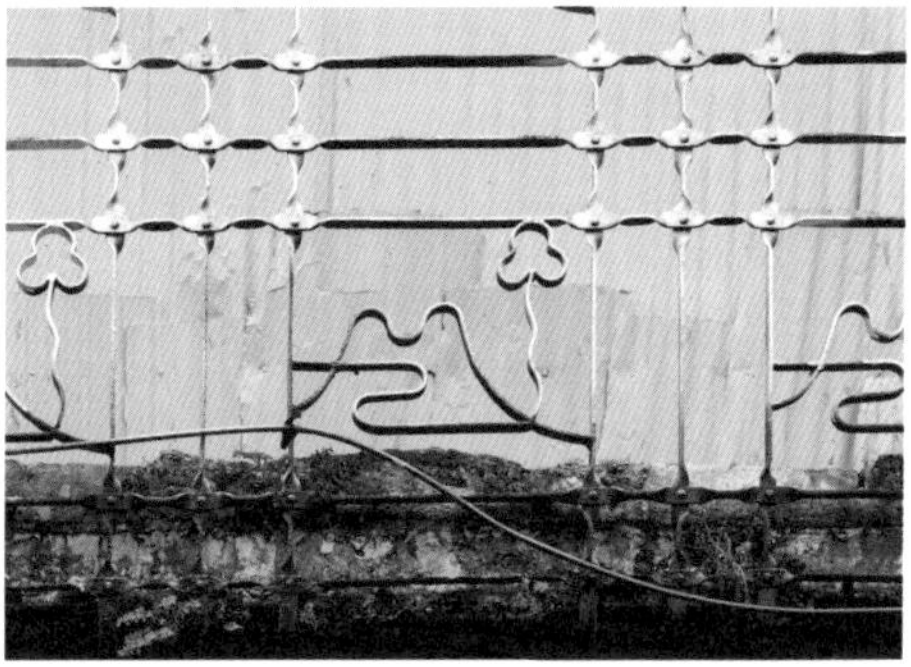

両開きの門扉も山形の鉄窓花でデザイン性の高いものに。

「富士山」が多い理由

近年の取材でわかったのは、鉄窓花にあしらわれた山々が「富士山」であると、家の主の多くが考えていることでした。山頂に万年雪を頂き、逆さにした扇子のような左右対称のシルエットをもつ富士山は、誰にでもすぐそれとわかる日本の名山です。半世紀の長きにわたって日本の統治下にあった台湾で、当時の日本教育を受けたお年寄りがところどころに日本語を交えて会話をするように、シンプルでシンメトリーな富士山形の鉄窓花は、半世紀を超えて台湾の家々を静かに見守り続けてきました。台湾を訪れる日本人は、このような富士山をモチーフにした鉄窓花に感嘆の声を上げます。というのも、日本ではあまり見かけないとても珍しいデザインだからです。

ただ山を地名にした地域や近くに高い山がある地域では、面格子の山は富士山ではなく、オーナーにとっては阿里山や玉山、大覇尖山）だったりします。たとえ面格子の姿形が見慣れた山とかけ離れていても、彼らにとっては地元の象徴であるその山だという意識が興味深いところです。

同じ形をした鉄窓花とレンガ壁がリズミカルに連なっている。

ベランダの欄干に並ぶ小ぶりな山形。繊細でかわいらしい。

シンプルな形だからこそ
アレンジも多様に

鉄窓花のデザインには標準のようなものはなく、山形といっても一様ではありません。たとえば尖った山頂や丸い山頂、山腹の勾配具合いも実際の山々のように多様で、職人の手法によってそれぞれ異なります。また、山と共にあしらわれたモチーフには画竜点睛の効果があり、山頂に浮かぶ星や月、林木、ロッジなどが添えられた山形の鉄窓花を眺めていると、あたかも阿里山にいるような気分になります。

山形のようなシンプルな形は大きさも比較的自由に変えられ、溶接箇所も少ないため、扉や窓に広く用いられました。台湾の中・南部は山をテーマにした面格子が多

客家の伝統住宅(三合院)の鉄窓花。
洋風のアーチ窓に東洋的な山と雲をあしらった
東西折衷のデザイン。

い一方で、山が脇役の鉄窓花もあります。たとえば雲林《ユンリン》や嘉義の合院建築（中庭を囲むように三方または四方に建物が立つ中国伝統家屋）には、花瓶をモチーフにした鉄窓花に山形の模様を添え「花開富貴（花開いて富貴至る）」、平安長寿」を表したものがあります。また寺廟や民家のシンプルな欄干にも山形と「壽」の文字をかたどった鉄窓花が見られ、デザインに変化を添えています。

鉄窓花には昔ながらの素朴な模様しかない、そんなイメージから窓辺の美しい風景を見逃したりしていないでしょうか。実は鉄窓花を訪ね歩くなかで、山と飛行機を組み合わせた、とてもユニークな鉄窓花に出会ったことがあります。「50年前に建てた2階建ての

階段の子柱に山形の鉄窓花を取り入れたユニークなデザイン。

鉄窓花の図案の由来を話してくれたオーナーのおばあさん。一族の歴史と思い出についても語ってくれた。

家だけど、当時はこの辺りで一番高い建物だったんだよ。今の台北101のようにね。家をもっと華やかにしようと、職人さんが当時流行りの飛行機を入れてくれたんだ」そう話すのは家主のおばあさん。時代からすれば1960年代、ちょうど台湾がジェット機を導入したころで、飛行機で海外に出かけることが当時の流行でした。その鉄窓花は台湾の航空史に立ち会ったばかりでなく、主の夢と人生の物語をものせているようでした。

鉄窓花の山々は優美なラインで絵画のような美しさをたたえ、その造形には家への祝福が込められています。さらには異国の文化も取り入れ、今でも人を惹きつけて止みません。

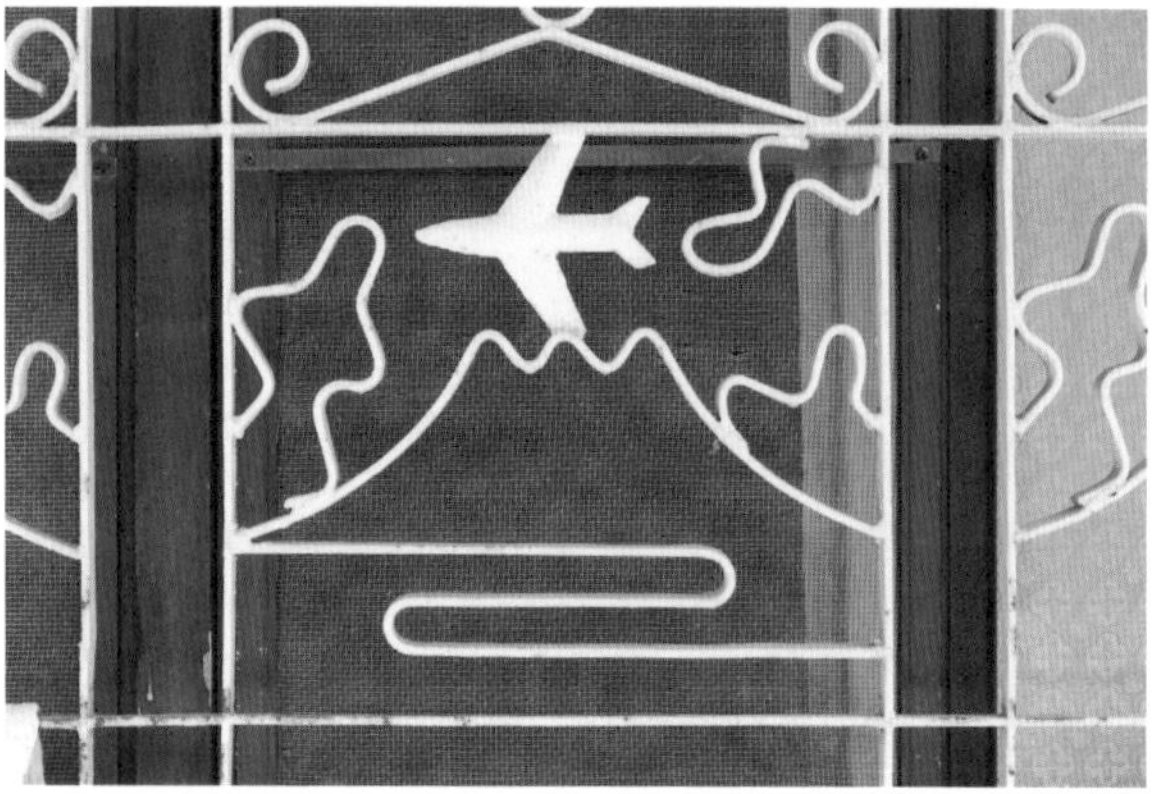
山の上を飛ぶジェット機。台湾の航空業の発展を映している。

最も典型的な山形の鉄窓花。台湾でありながら「富士山」と呼ばれることが多い。

家内安全を願って力強くそびえる山岳。

山頂に白雪を頂き、雲がたなびく幻想的な光景。

山の高さや勾配、ふもとの処理、別のモチーフとの組み合わせによって無数のバリエーションが生まれる。

清河堂
江上清風
山間明月

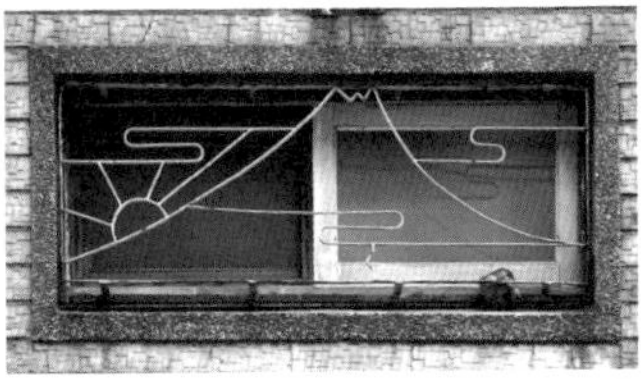

2 文字

記録と物語を運ぶ鉄窓花

きっちりと文字を書く人は折り目正しい性格、紙の上で踊るような文字を書く人は自由奔放な性格――幼いころ、先生が文字はその人の個性を表すのだと言っていたのを覚えています。鉄製の面格子にあしらわれた文字もまた、手書きの文字のように個性が宿っています。平たい鉄材を折り曲げ溶接した流れるような万年筆書き、鉄材の狭い面をつないだ読みやすい明朝体、はたまた広い面を使った太文字。このように鉄窓花の文字模様は鉄材を折り曲げたり、鉄板を切り抜いたりして作られ、どの文字も鉄工職人の高い技術にかかっています。

台南の民家で出会った鉄窓花は、「春」の字を型抜きした鉄板を花びらに見立てて花の形に並べ（左頁中段左）、抜き出した「春」の字も面格子のほかの部分に装飾し、ハンコの陽刻と陰刻のような文字が同じ鉄窓花を飾っていました。また、文字を構成する一画をほかの装飾模様と同じ金型を使ってそれぞれ製作し、後から組み合わせて文字にしたものもあります。例えば台中の黄家の鉄窓花は、C字形と矢形のシンプルなパーツを組み合わせた模様が格子状に並んでいて、注意して見なければ中央の格子にある「黄」の字を見落としてしまいそうです（左頁中段右）。

また、縁起の良い「福」、「禄」、「壽」、「囍」など鉄窓花によく使われる文字は、職人の手作業に頼ることもあれば、材料店で売られている既成の鉄片を使用することもありました。

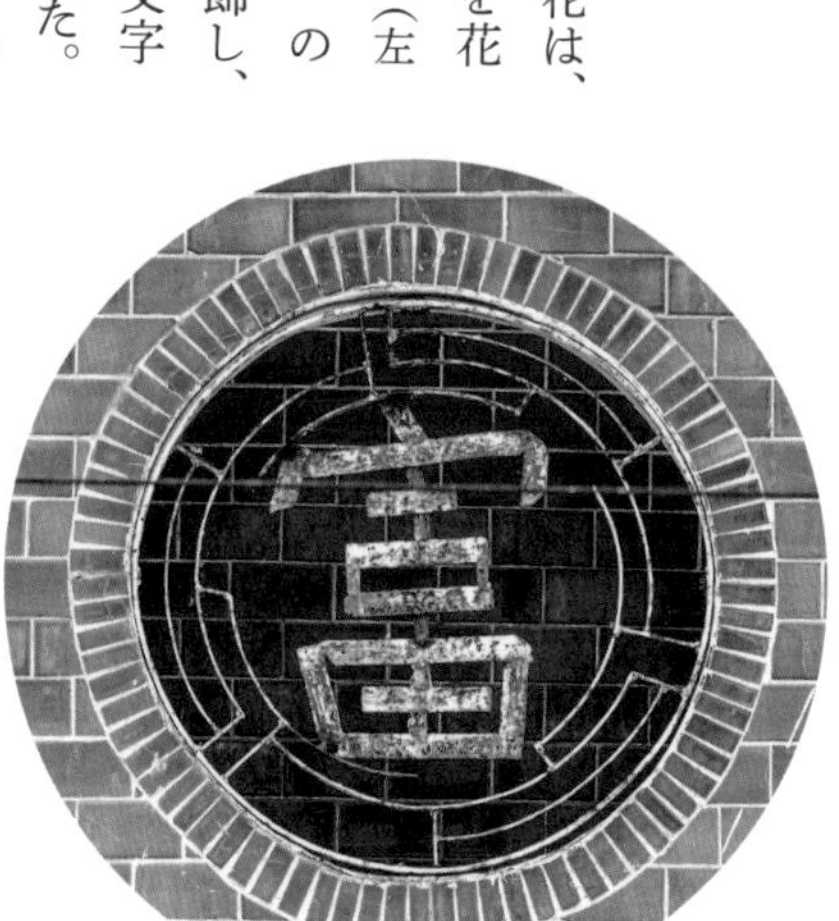

文字をかたどった鉄窓花には家族への祝福と祈りが込められている。

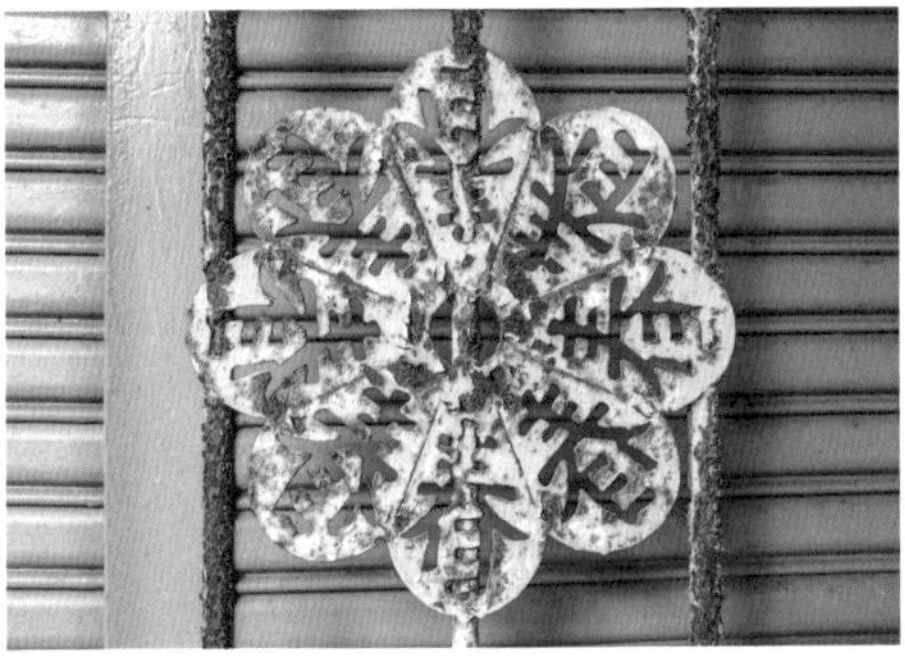

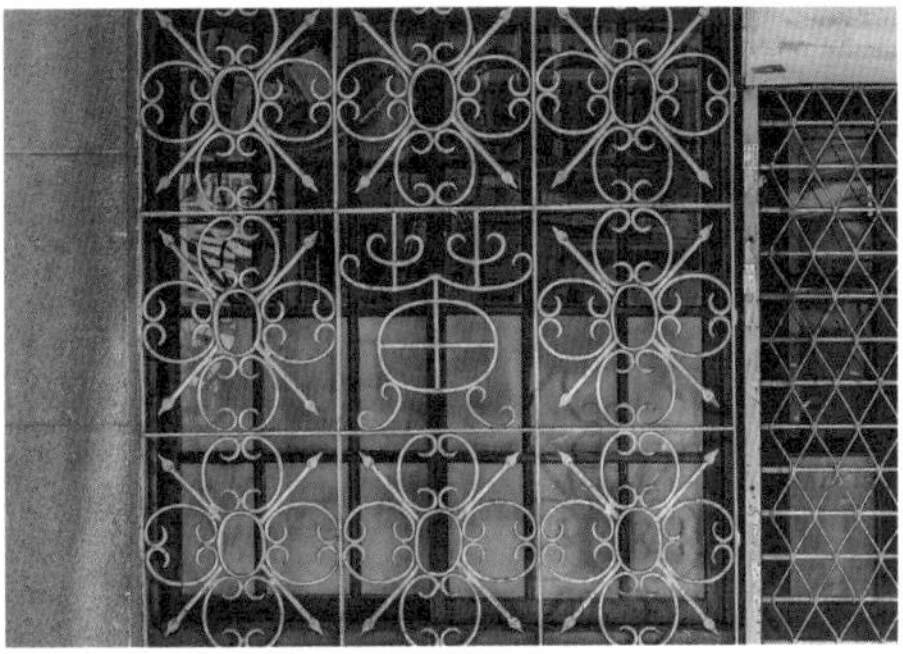

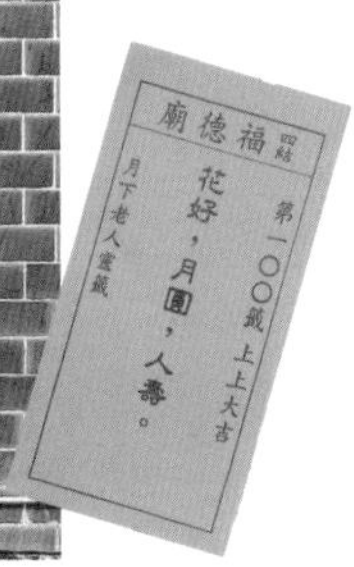

店名を入れた、助産院の看板代わりの鉄窓花。

年号の「一九九八」と職人の名字の発音をカタカナで表した鉄窓花。

集落には一族の名字である「蘇」を表した「SO」の鉄窓花が多く見られた。

ローマ字や数字、カタカナまで

鉄窓花に登場する文字は何も漢字ばかりではありません。例えば高雄市路竹の古い集落では、ローマ字の「SO」の二文字が入った欄干や鉄窓花をたびたび見かけます。これは一帯の住民の多くが蘇氏の一族なので、「蘇」の台湾語読みをローマ字「SO」で表したものです。

また、鉄窓花の中には「記録」のための文字模様もあります。建物の建築年などがそれです。高雄市旗山に3階の欄干に「一九九八」の数字が溶接された民家があり、最初は家の落成年なのだと考えていました。家は既に空き家だったのですが、家の前をたまたまバイクで通りがかったオーナーに運良く会うことができ、聞けば3階の「一九九八」は建築年ではなく、3階を建て増しした年だということでした。実はそれ以上に気になっていたのが、その下の階の欄干に並んだ読解不能な文字。話によれば、それらはなんと日本語のカタカナだそうで、当時のオーナーだった祖父が鉄工職人に感謝の気持ちを込め、彼らの名字の台湾語読みをカタカナにして鉄窓花に飾ったのだそうです。建物に施された文字装飾は、所有者の身近な、またはその時代に話されていた言語が使われることも多く、日本統治時代が台湾の社会や文化にもたらした影響を見てとることができます。

昔の家は単に投資のための「物件」としてだけでなく、それ以上に住人の思いが詰まった「家」としての意味を持っていました。「山牆」（建物の最上部に見られる盛り上がったような装飾）や鉄窓花に名字が入れられたのは、それだけ家が重視されていたことの表れです。空き家に残された文字について近所の住民から話を聞いたり資料を集めたりしていくうちに、その時代の情景が少しずつ見えてくることがあります。鉄窓花に飾られた文字は装飾にとどまらず、時代を静かに見守ってきた印でもあるのです。

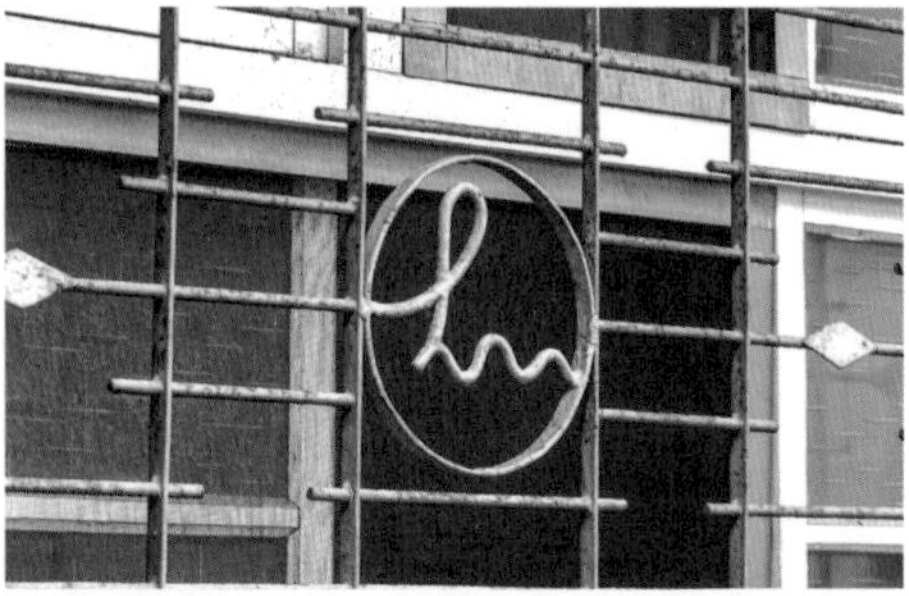

A B C
A B C

張 張

WANG

3 看板代わり

台湾の警察章の鉄窓花。

どんな場所かを示す　鉄窓花

私たちが台湾の古い建築を訪ね歩くときは、たいてい計画通りが半分、行き当たりばったりが半分です。「道は口に付いている」という台湾の諺《ことわざ》にあるとおり、迷子になったときは地元の人に道を尋ねるのですが、やり取りの中で貴重な情報が手に入ることもあります。お年寄りの場合、道路の名前ではなく「突き当たりのレンガの壁を左に折れる」、「花が咲く青色の鉄門」などと、その通りの景観やイメージを伝えてくれることが多いので、どんなにわかりにくい田舎の小径であっても、迷うことなく目的地にたどり着くことができます。このように建物は人に強い印象を与えますが、それが店の看板代わりともなれば、人の目を奪うようなものでなければなりません。今でも古い店の壁面にモザイクタイルを貼り合わせた店名や、靴やカメラなどの商品を描いたテラゾー（人造大理石）床を見かけることがあります。もちろん鉄窓花の中にも看板として活躍し、屋号から営業内容、または電話番号に至るまで店の情報をわかりやすく伝えるものがあります。

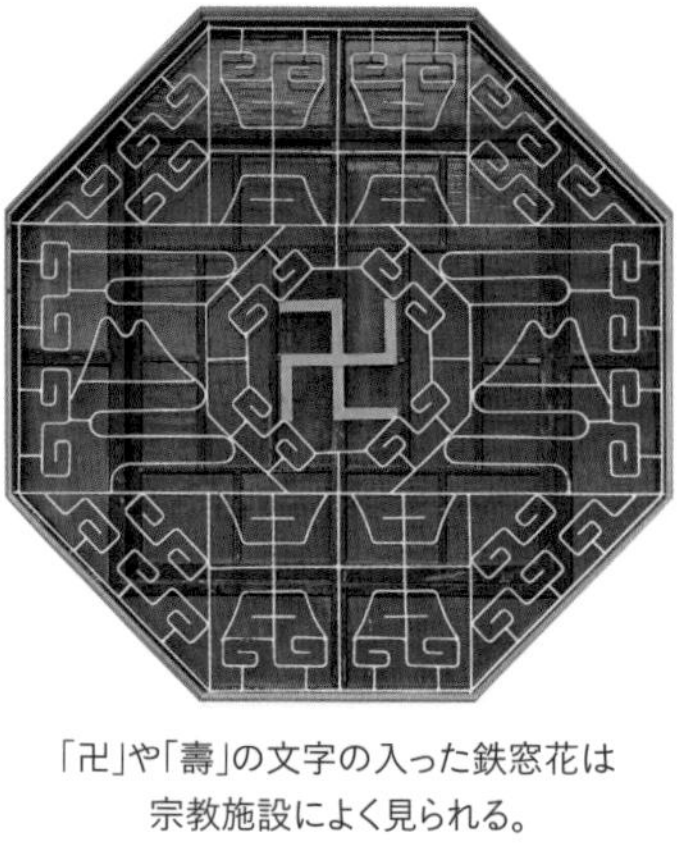

「卍」や「壽」の文字の入った鉄窓花は
宗教施設によく見られる。

実はそんな鉄窓花に助けられたエピソードがあります。自転車で高雄市林園の町を巡っていたとき、自転車のタイヤがパンクして途方に暮れていたところ、遠くの建物の二階に自転車の形をした鉄窓花が目に飛び込んできました。訪ねてみると、そこは数十年も営んでいるという自転車屋で、タイヤを修理してもらっている間に2階の鉄窓花をじっくりと観察しました。平鉄でシルエットをなぞった実物大の「自転車」で、つくりはやや粗雑なものの、一目で自転車だとわかります。これまで看板としての役目を果たしてきたのかどうかは定かではありませんが、少なくとも私たちはその「自転車」を見て店を訪ねることができたのです。

同じく店の営業内容を示した例が台東《タイドン》で見つけた「PIAGGIO」（ピアッジオ、イタリアのオートバイメーカー）のロゴ。一つは戸建てのベランダの欄干に、もう一つはその近所の「騎楼」（建物1階部分を半屋外にした通路）下のテラゾー通路にあしらわれていました。どちらの建物も昔はバイク屋さんが入っていたそうで、店がなくなった今も、鉄窓花とテラゾー床が建物の歴史をしっかりと刻んでいました。ほかにも「眼鏡」を鉄窓花の模様にした民家のオーナーが、若い頃を台湾製の眼鏡の開発に捧げた話を誇らしげに語ってくれたことがありました。「眼鏡の鉄窓花なんてうちぐらいでしょう。今後改築することがあっても、この鉄窓花だけはしっかり残しますよ」

オーナーのかつての生業を取り入れた鉄窓花。人生の誇りが込められている。

自転車がパンクして困っていた時、私たちを助けてくれた自転車屋の鉄窓花。

オートバイメーカーのロゴ入り鉄窓花。

屏東の車輪型の鉄窓花。木製の車輪と鉄部材を合わせた鉄窓花で、店名と電話番号まで組み込まれている。
近所の人によると、この家の一代目は牛車の修理、二代目は自動車のタイヤ修理を行っていたという。

学校や宗教施設

特殊な鉄窓花を取り入れている建物に宗教施設や学校などもあります。商業目的の看板代わりとは異なり、宗教や教育の空間では精神的なイメージをモチーフにしたものがほとんどです。蓮花をあしらった仏教寺院の鉄窓花がその例です。多様な宗教文化を誇る台湾では、卍模様や仏像など仏教的な文様ばかりでなく、キリスト教の

十字架に加え、のこぎり状のラインで
「天主教」の三文字をかたどった教会の鉄窓花。

イスラム寺院の鉄製のフェンスには、イスラム教のシンボルである尖塔と三日月が並ぶ。

教会では十字架にシンプルなラインや幾何学的な模様を組み合わせた鉄窓花、イスラム教のモスクにも同じような手法による鉄窓花を見ることができます。一方の学校では「実用型」と「装飾型」の2つのタイプに分けられ、前者はベランダの欄干、階段の手すり、窓の面格子など安全性と耐久性を追求したもの、後者は装飾性と実用性を兼ねたものが多く、学校名を表示したり、環境を美化する目的で設置され、塀の欄干や講堂などによく見られます。また、動物やキャラクターを遊具や鉄窓花に取り入れ、子供たちが楽しく学校に通えるよう工夫している学校もあります。

その空間のイメージを伝える鉄窓花は、情報を表示するという機能を与えられました。無機質な存在のようでありながら、時には建物の所有者の人生の歩みを語ることもあります。だからこそ、歳月を重ねた鉄窓花の輝きは、本来の建物にとどまってこそ本来の意義を持つものだと思うのです。

尖頭アーチの窓に卍模様が異国情緒を漂わせる。

運動場わきの教室に並んだスポーツをテーマにした鉄窓花。
野球をしている子供たちの様子が描かれている。投球、打撃、刺殺などの動作がモンタージュで表現された、
アーティスティックなデザイン。しかし、これらは校舎の改築時にすべて撤去されてしまった。

茶葉の図案をあしらったお茶屋のベランダ開口部。

1970年代は台湾でフォークソングがブームだった。当時の楽器店で売れ筋だった商品が一目で分かる。

台湾でも珍しい郵便局のロゴが入った鉄窓花。

商品の英語名を取り入れた眼鏡・時計店の鉄窓花。

4

草花

四季を通して
窓辺に広がる花園

「都会では鉄窓花をどこで見つけられるか」——ファンによく尋ねられるこの質問には、旧市街、または小さな路地に入って古い住宅を見上げてみることを勧めています。老朽化した戸建て住宅は所有権が移譲されるタイミングで取り壊されることが多いのですが、台湾で「タンス」とも揶揄される大戸数の古いアパートではそれも難しいので、昔のままの姿を留めていることが少なくありません。同一規格のベランダには洗濯物が干されていたり、鉢植えが並べられたりと生活感にあふれ、取り付けられた鉄窓花はあたかも舞台の緞《どん》帳《ちょう》のようで、ハンダ付けされた草花や蔓が日常の生活に華やかさを添えています。

人間は自然環境を開拓しながら

草花をモチーフにした鉄門の鉄窓花が周りの植栽と響き合う。

住む場所を広げ、同時に大自然からも遠ざかっていきましたが、生活が豊かになり、より質の高い暮らしを追求するようになると、今度は秩序あふれる建築のなかに植物の存在を求めるようになりました。例えば東洋の庭園は季節ごとの盆栽、築山や流水などの人工物を庭に取り入れ、四季折々の詩的な景観を造り出しました。また、西洋の教会のステンドグラスやモザイクタイル、台湾の日本統治時代の公的建築や街なかの洋風建築に見られた泥塑装飾などにも植物の姿を見ることができます。さらに家具や絨毯、カーテンなどにも草花をモチーフにしたデザインが取り込まれ、植物は今や代表的な装飾模様として私たちの日常生活に浸透しています。

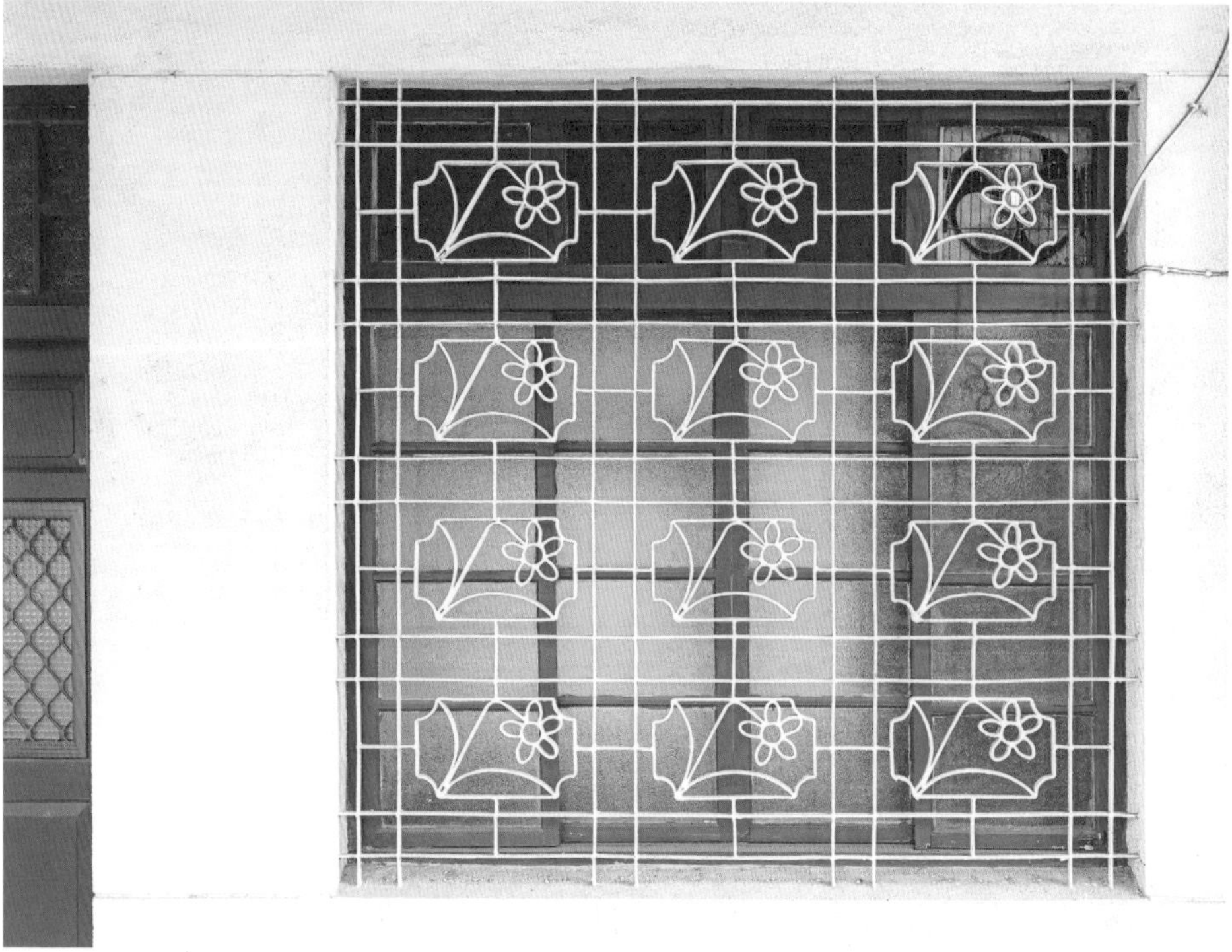

さまざまな寓意が込められた植物

もちろん、鉄窓花にも植物を主役としたものがあります。平鉄（平たい帯状の鉄材）は茎や枝葉が伸びやかに生長している様を表現するのに適しており、扉や窓によく使われています。また、花びらや果実などのディテールは、金型で成型したり、別の素材と繋ぎ合わせたりしてつくられています。こうした植物模様は家のオーナーが指定するのではなく、鉄工職人に一任されることが多く、代表的な桜や梅の花をはじめ種類は豊富で多彩です。花の模様であれば「花開富貴」（花開いて富貴至る）の寓意を読み取ることができます。また、四季がはっきりしている台湾では、果物も鉄窓花を飾ります。リンゴは「平安」を象徴し（リンゴの中国語〝蘋果《ピングオー》〟の〝蘋〟は〝平〟と同音）、桃には古くから長寿の寓意があります。なかでも人気なのが子孫繁栄と幸福がいつまでも続くことを象徴するブドウ。自由な曲線が織りなすブドウ棚に、丸パイプを切り出したブドウの実がたわわに実り、鉄工職人やオーナーの祝福が建物に満ちあふれます。

廃業したホテルから買い取った「桜」の鉄窓花

鉄窓花の模様が建物について教えてくれることもあります。高雄市塩埕でたまたま入った路地。そこで見つけたのが梅の花をパレットのように並べた鉄窓花でした。建物の外観を詳しく観察したところ、そこは既に廃業となって久しい「梅園大旅社」というホテルで、梅をテーマにした鉄窓花は、ホテルの名を表した当時のアイディアでした。

また2018年、同じくレトロ建築に関心を寄せる台南の友人から、間もなく撤去される古い建築に精緻な桜模様の鉄窓花があることを知らされました。「桜」という模様と建築の特徴から日本統治時代のものだと推測した私たちは、所有者のホテル業者に掛け合い、新たに建てられるホテルに残せないものか、難しいならばこちらで買い取ることまで提案しました。すると先方も台南の庶民文化の保存に理解を示し、鉄窓花を無償で譲ってくれることになったのです。こうして撤去される危機一髪のところで、私たちは現地に赴いて鉄窓花を取り外し、持ち帰ったのでした。

鉄窓花の美しさは手作りの質感にあります。定期的に手入れのされた鉄窓花は、歳月の中で自然に風化し、素朴で飾り気のない雅やかさをたたえるようになりますが、空き家に残された「花」たちは、たとえ鉄製であってもいずれ朽ち果ててしまいます。数十年もの間、家に華やかさを添えてきた古い鉄窓花に、これからも美しく咲き続けてほしい。そうすれば台湾の街並みにも、新旧が交わりあう時代の風景が見られるようになるかもしれません。

新たな所有者であるホテルのオーナーの好意で、古い建物にあった2枚の桜の鉄窓花を譲り受けた。

赤と緑のペンキで塗り分けられた、
かわいらしいチューリップ。

金玉富貴春
平安福祿壽

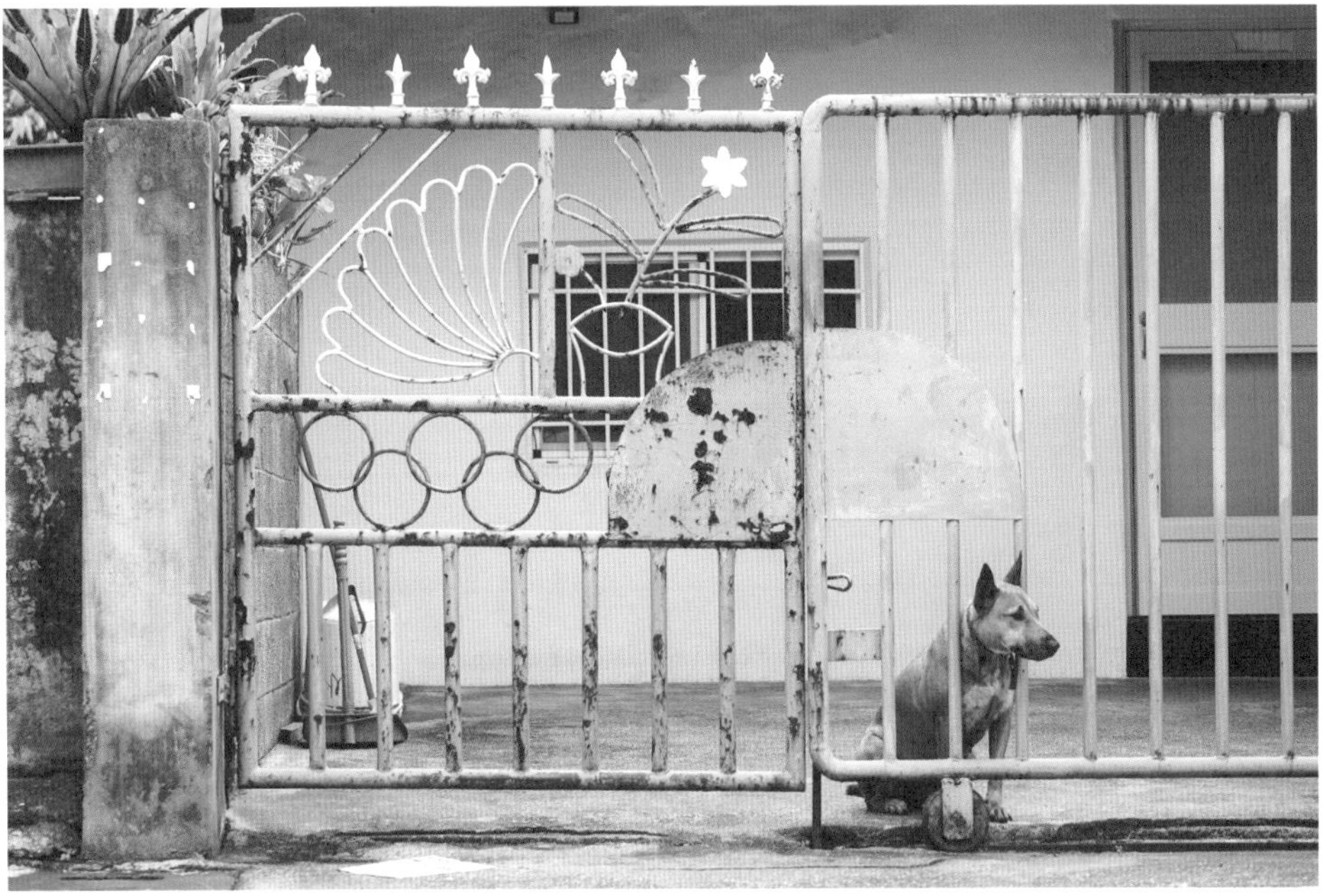

5 音楽とダンス

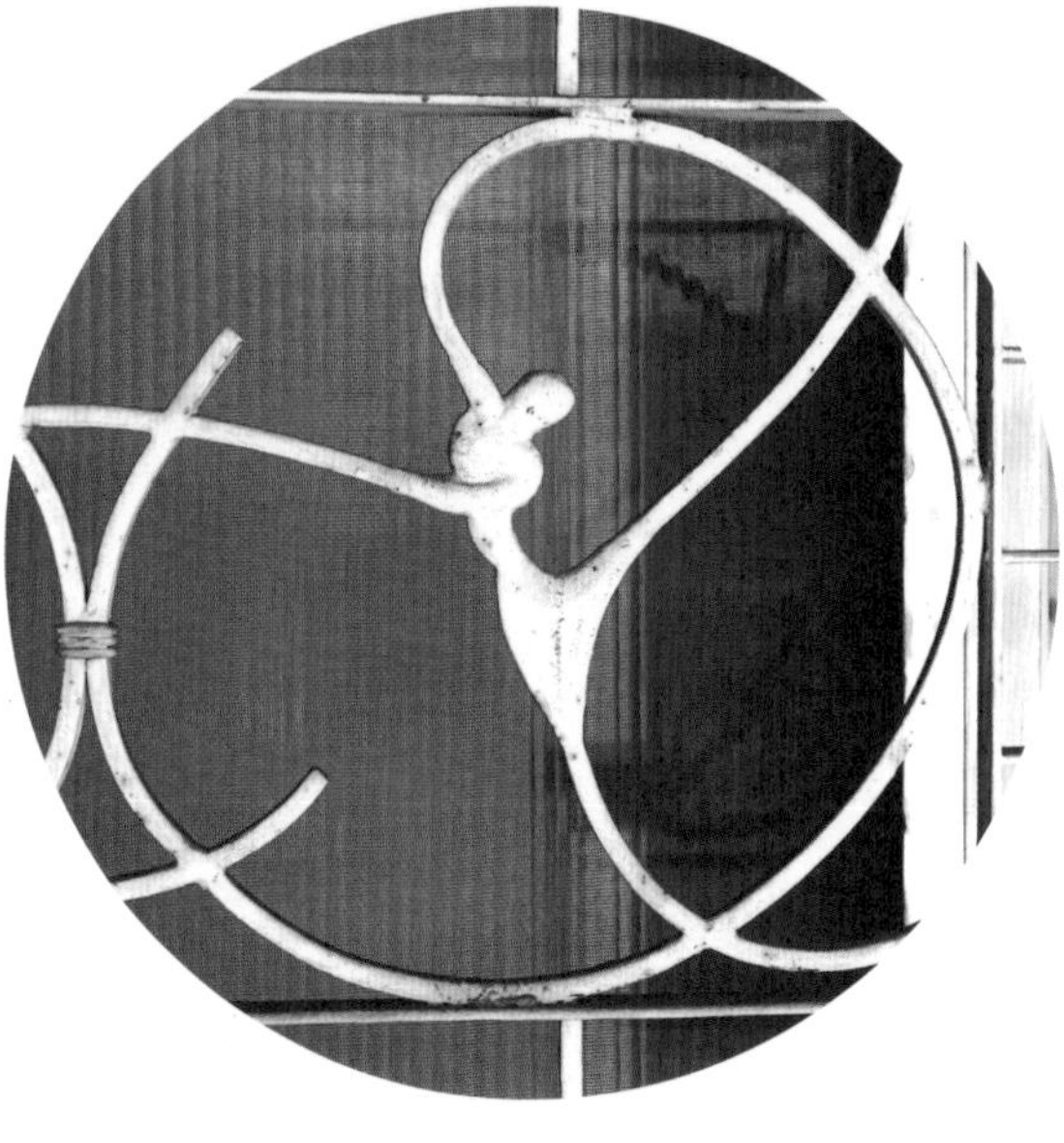

「音」と「動き」を伝える

人々の日常に彩りを添えるばかりでなく、所有者の人生を垣間見ることのできる台湾の鉄窓花は、戦後の民家を飾るもっとも平凡で、もっとも美しい芸術品であると言えるでしょう。鉄窓花の模様は視覚的にとらえるアートとして見ることができますが、音楽やダンスなどの「聴覚」や「動き」による芸術は、果たして二次元の鉄窓花上に表現できるものなのでしょうか。

楽譜は「聴く」芸術を間接的に具象化したものと言えます。四分音符や八分音符が踊る五線譜を目にすれば、音符が読めなくても豊かなリズムが心に流れてくるようです。「音符の鉄窓花」の中には、オーナーが必ずしも音楽家ではなく、ただ音楽好きが高じて鉄窓花に五線譜と音符を飾ったものもあります。例えば台南中西区のある築50年の戸建て住宅には、どの窓にも音符と五線譜の鉄窓花が取り付けられていましたが、元所有者は音楽を学んだことはなく、しかし音楽をこよなく愛していた人でした。後にこの家を借りた音楽家の黎《リー》さんは、初めてその鉄窓花を目にしたとき、思わず五線譜（といってもこの鉄窓花の五線譜は4本線だけ）上の音楽を口ずさみ、不思議な縁を感じたのだそうです。今では鉄窓花に踊る音符だけでなく、屋内からは黎さんの奏でる音楽も聞こえてきます。

音楽教師の家を囲む楽譜

彰化《ジャンホア》県員林の40年以上の古い民家にも音符の鉄窓花を見つけました。最初は角度の問題で鉄窓花の確かな模様を確認できなかったのですが、事情を知った真向かいに住む夫妻が熱心にも自宅に案内してくれました。その家のベランダからようやく確認できた向かいの鉄窓花には、音符のほかにト音記号を囲むように「PIANO」と「MELODY」の英文字が並んでいました。既に亡くなった音楽教師の家だったと夫妻から聞き、生徒の横に座ってピアノを弾くその先生の後ろ姿を思わず想像したものです。台中《タイジョン》市の大肚で出会った鉄窓花は、楽譜に沿ったリズムと音律規則、それに強弱記号までも記された完全な楽譜でした。

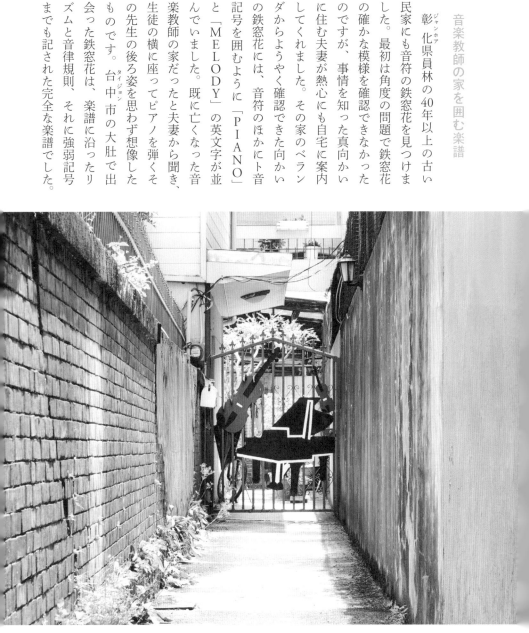

ピアノ教師が住んでいた家には「PIANO」と「MELODY」の文字の入った鉄窓花が。

いったいどんな曲なのかと好奇心に駆られ、ネットで調べたところ、その家に住んでいたお婆さんの話では「夫がいちばん好きだった曲」だということでした。写真をSNSに掲載し、多くのフォロワーが楽譜に沿って音楽を再現してくれたのですが、残念ながら最後まで曲を特定することはできませんでした。

フォーク・ソングが流行した時代の名残り

音楽関連の鉄窓花には、このほかにも楽器やダンスがあります。台湾とアメリカの国交断絶後［*］、これまで西洋の流行歌を聴いていた台湾の若者の間では、「自らの言語で自らの歌を」と創作された「校園民歌」（キャンパス・フォークソング）がポップスの主流となり、そこでよく使われていた楽器がギターでした。当時の台湾は建築業が勢いよく発展し、鉄窓花が急速に普及した時期でもあったため、ギターをかたどった鉄窓花は楽器屋の看板代わりとしてだけでなく、一般の民家やアパートの窓にも見られ、当時のキャンパス・フォークソングの絶大な人気ぶりをうかがわせます。

［*］アメリカは1972年に中国と国交を樹立し、1979年に台湾と断交した。

楽譜の鉄窓花に囲まれたこの家と出会えたことは、
まさに運命だったと黎さんは言う。

実際の曲を楽譜にした鉄窓花で、
強弱などの記号まで詳細に再現されている。
しかし、最後まで曲を特定することはできなかった。

楽器、ダンス、楽譜をモチーフにした鉄窓花。どれも軽やかなリズムを感じさせる。

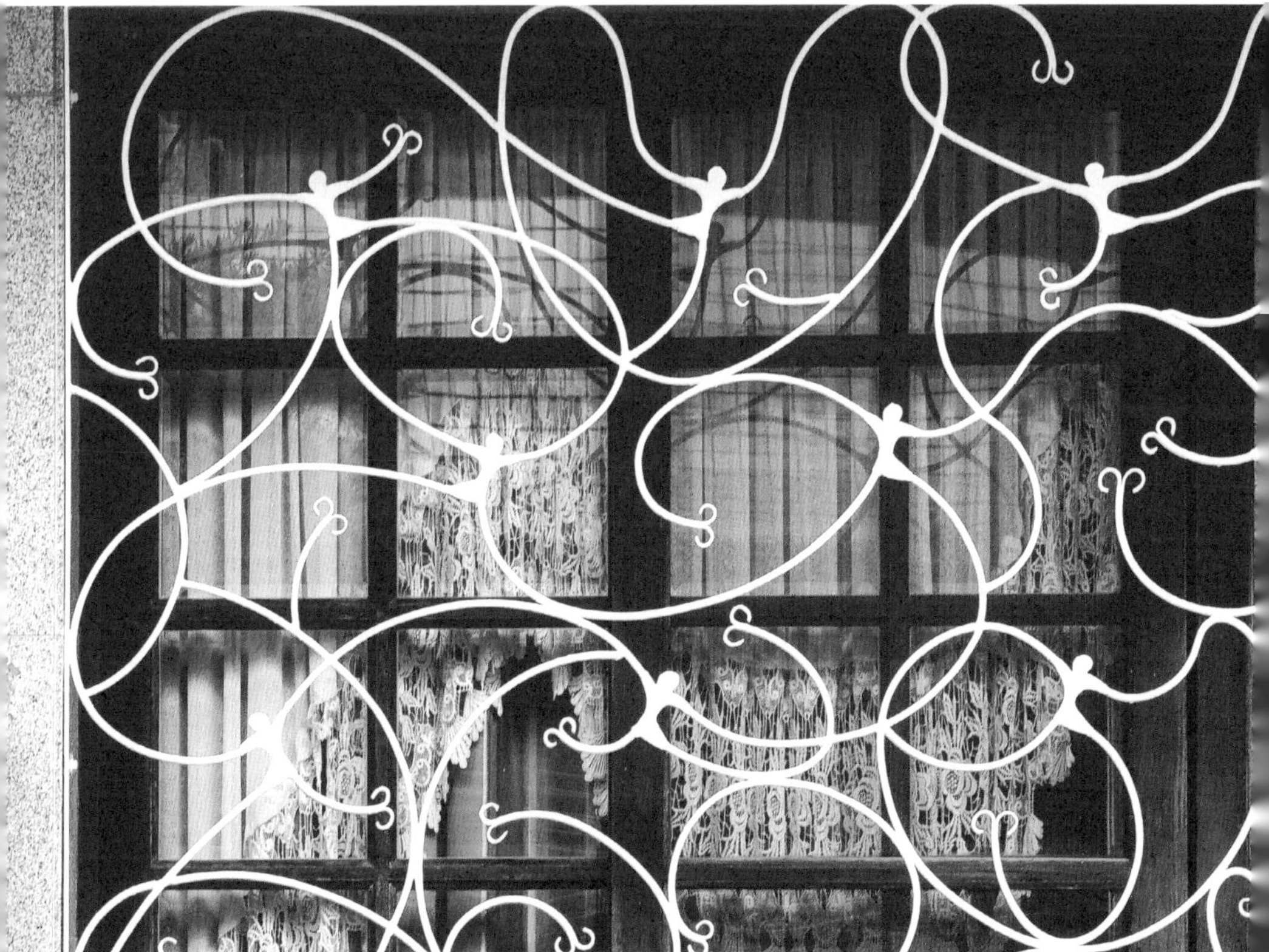

台南ならではの「ダンス」

一方、ダンスをモチーフにした鉄窓花は台南や高雄一帯に多く見られ、そのほとんどが細長く伸びた手足で優雅に踊るダンサーとリズムを表現したものです。なかでも特に印象に残っているのが、台南の食品工場跡地で出会った鉄窓花。半分まで取り壊された古い二階建てのオフィス建築に相当な数で残っていましたが、このままでは台南の古建築文化がまた一つ失われてしまいます。そこで、取り壊しの始まっていなかった工場の正門に刻まれていた「滋味珍食品」の社名を手がかりに連絡先を調べたところ、驚いたことに「滋味珍食品」は、あの台湾の食品大手「黒橋牌」の前身だったのです。黒橋牌の担当者は「ダンスの鉄窓

台湾食品大手「黒橋牌」の前身「滋味珍食品」の旧工場。解体時に担当者の協力により、台南特有の「ダンス鉄窓花」を無償で譲り受けた。

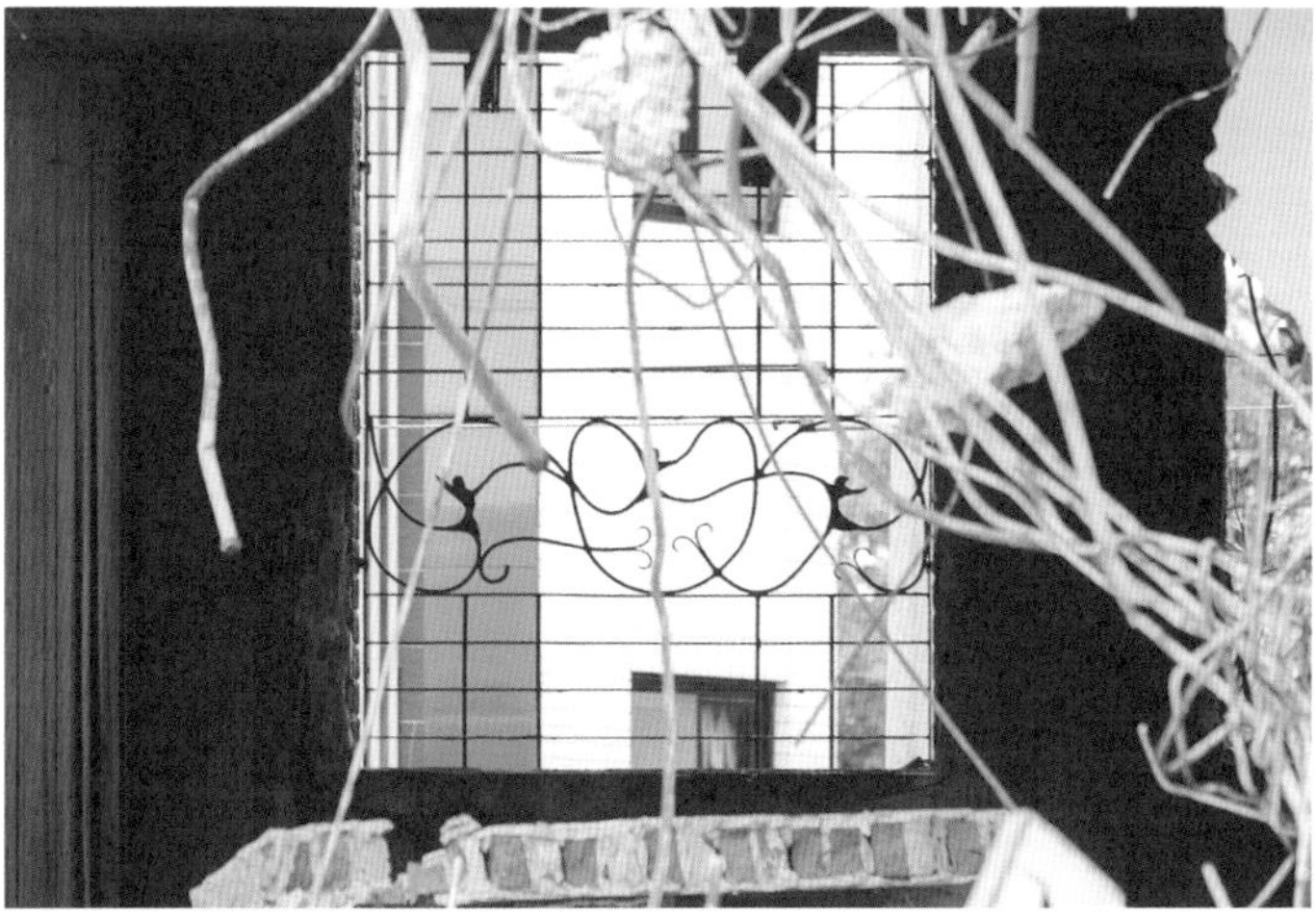

花」の取り外しに快く応じ、こうして私たちのコレクションに台南ならではの鉄窓花が加わることになりました。

6 動物と昆虫

吉祥を寓意する生き物たち

遙か昔から人間と近しいつながりを持ってきた動物は、芸術の領域にあっても常に創作の対象となってきました。例えば清朝のイタリア人宮廷画家、ジュゼッペ・カスティリオーネの「八駿図《はっしゅんず》」は東西の絵画技法を用いて馬の表情を写実的に描写し、日本のおとぎ話「鶴の恩返し」に登場する鶴は、擬人化した姿で善良な心と前向きな力を伝えています。

建築にも動物は装飾としてたびたび登場します。台湾の信仰の中心である伝統的な廟では、屋根や鉄門、「水車堵」（壁面最上部にある水平の装飾）などに泥塑、「剪黏」（磁器片やガラス片を切って貼り合わせた装飾）、「交趾陶」（交趾焼）で作られた神獣や、吉祥を寓意した動物が並んでいます。このような装飾は後に民家にも広まり、今でも台湾各地の古い建築が残る旧市街では廟宇に由来する装飾を目にすることができます。経済発展が進むと、台湾では「透天厝」（単独または複数並んだ3〜4階建ての台湾式戸建て住宅）が従来の合院や洋楼に取って代わり、防犯目的で取り付けられるようになった鉄窓花が動物たちの新たな居場所となりました。その中で数としてもっとも多いのが「鳥」と「蝶」をモチーフとしたデザインです。

鳥と蝶が一番人気のモチーフ。

神龕の鉄窓花に現れた猛虎。

一目ではなんだか分からないが、よく見るとミニ柴にも。

蝙蝠《こうもり》の「蝠」は「福」と同音。家族に幸福をもたらす。

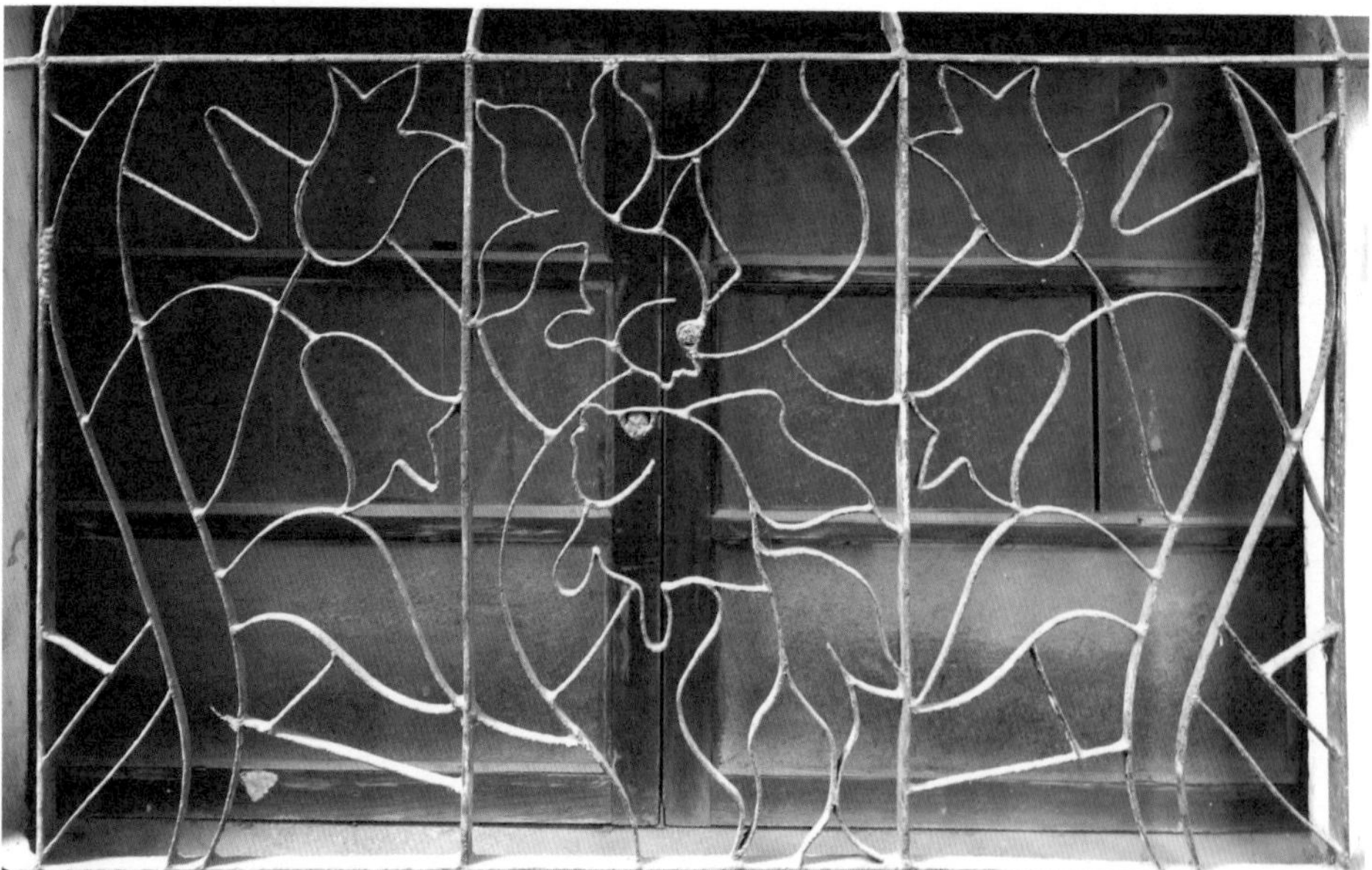

2匹の魚が泳ぐ「双魚」は仏教の八吉祥の一つ。

愛らしい小鳥から優雅に尾を垂らした孔雀まで、さまざまな鳥たち。

シンメトリックな蝶や昆虫の身体は、
鉄窓花のデザインにもぴったり。

流れるような尾が優雅な孔雀。

鳥、蝶、兎……十二支が揃うほどの多彩さ

鉄窓花を飾る「鳥」たちは、窓の大きさの制限からか小ぶりなものが多いものの、翼を広げて飛んでいたり枝に留まっていたりと、どれも生き生きとしています。製作は平鉄を折り曲げて鳥の姿にかたどることもあれば、鉄片を鳥の形に型抜きしたものもあり、仕上げに鳥の目に見立てた小さな孔が開けられています。特に縁起の良い鳥が好まれ、廟の装飾にもよく見られる鶴は長寿を象徴するものとして人気です。また、孔雀《くじゃく》は華麗で高貴の代名詞とされ、美しく広げた羽を写実的、または抽象的に模したものがあります。このほかにも良縁を表す鵲《かささぎ》、幸せな結婚を象徴する鴛鴦《おしどり》も人気です。

鉄窓花に留まった美しい蝶もまた、その家にめでたさを添えます。蝶は中国語で「蝴蝶《フーディエー》」。「蝴《フー》」は中国語の「福《フー》」と「富《フー》」の発音に近く、蝶は〝積み重ねる〟を意味する「畳《ディエー》」と同音のため、蝶は幸せと富がどんどん積み重なっていくというめでたい寓意があります。また、蝶は長寿を表す「耋《ディエー》」と同音のため縁起が良いとされている説も。鉄窓花の蝶は手作業でカーブさせた鉄材をシンメトリックに組み合わせたり、蝶や花の形に打ち抜いた鉄片を使って製作時間を節約したりします。色までは再現できないものの、形に工夫が凝らされており、嘉義の田舎では丸い翅の蝶、新竹《シンジュー》一帯では翅の先に突起が付いたアゲハチョウのような蝶がよく見られます。

「余」と同音の「魚」は年々余りあることを象徴する縁起の良い動物。

杵をつく兎。

　雲林で出会った杵つきの兎は、月に住む兎が「玉皇大帝」（道教の最高神）のために仙薬を杵でついて作ったという神話をモチーフにしたもので、繁殖力旺盛な兎はまさに子孫繁栄の象徴です。このほかにも宜蘭《イーラン》の民家で出会った龍と鳳凰、台南の工場建築では鶏と狸、屏東《ピンドン》の廟内の神龕《しんがん》（神仏を安置する所）前の面格子に鎮座する虎、鼠や象、台南地域で多く見られる馬車など、動物の鉄窓花は実

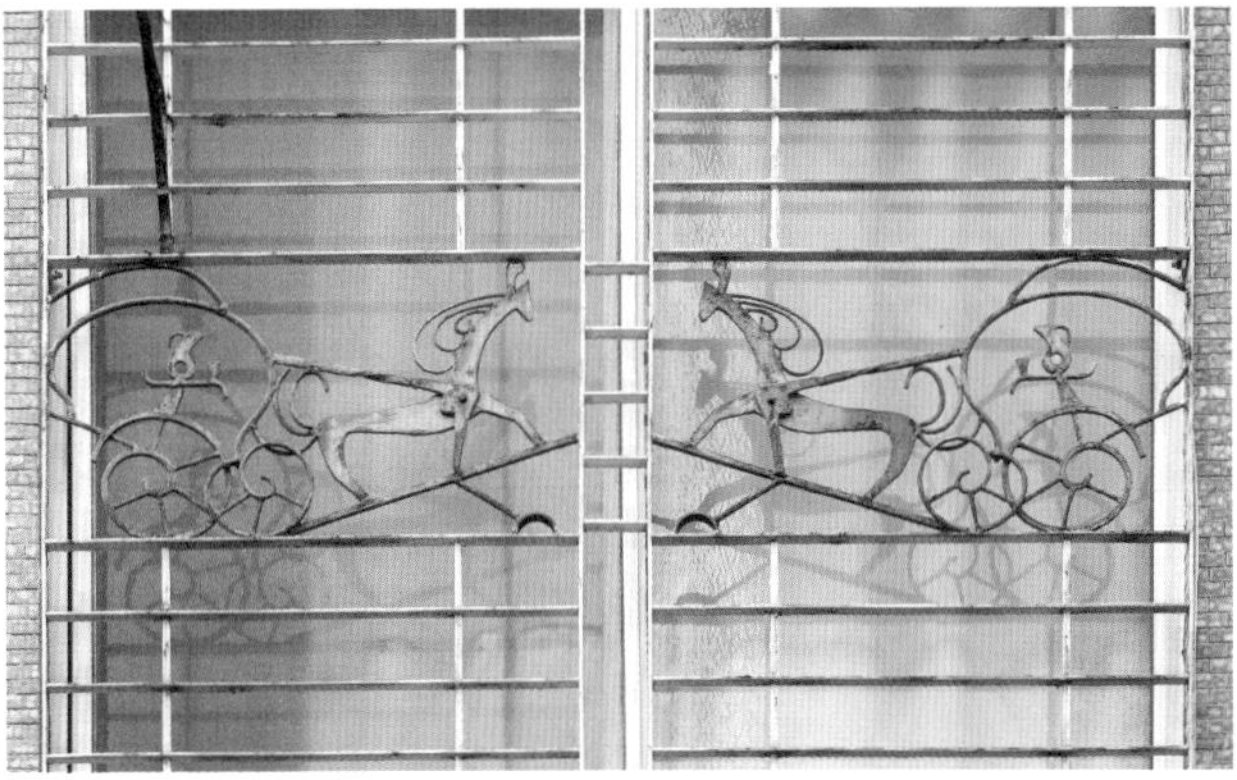

馬車を描いた鉄窓花は台南以外の地域ではほとんど見られない。台南には台湾初の孔子廟があるため、孔子が列国を周遊したという馬車がモチーフになっているのかもしれない。

にさまざまで、訪ね歩くうちに、なんと十二支が揃ってしまったほどです。冷たい鉄材が職人の手によって温もりを帯び、その家の主の願いと祝福が鉄窓花の生き物たちに命を吹き込みます。

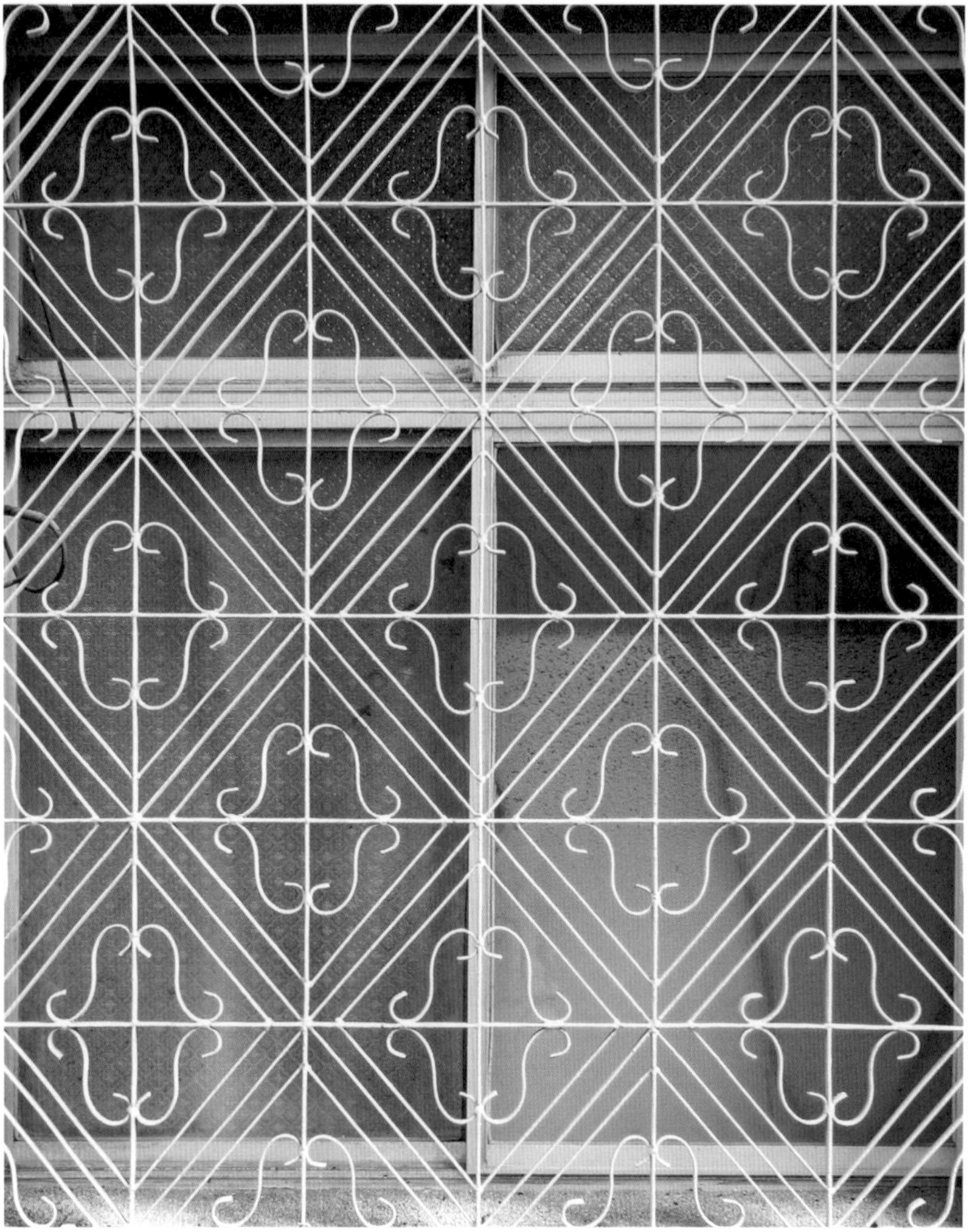

7 幾何学模様

見飽きることのない連続と広がり

「専門分野がまったく違う二人は、鉄窓花を観賞する時のポイントも違う？」これもたびたび尋ねられる質問です。理性重視のプログラマーであっても、はたまた感性豊かなイラストレーターであっても、窓辺を飾る豊かな模様や文字に深く惹きつけられることに変わりはありません。なかでも幾何学模様を変化させた鉄窓花は観察すればするほどに味わい深く、抽象的なパターンや曲線が見る者の想像力をかき立てます。ベーシックな幾何学模様はデザインを構成する最小要素で、その配列や細部を微調

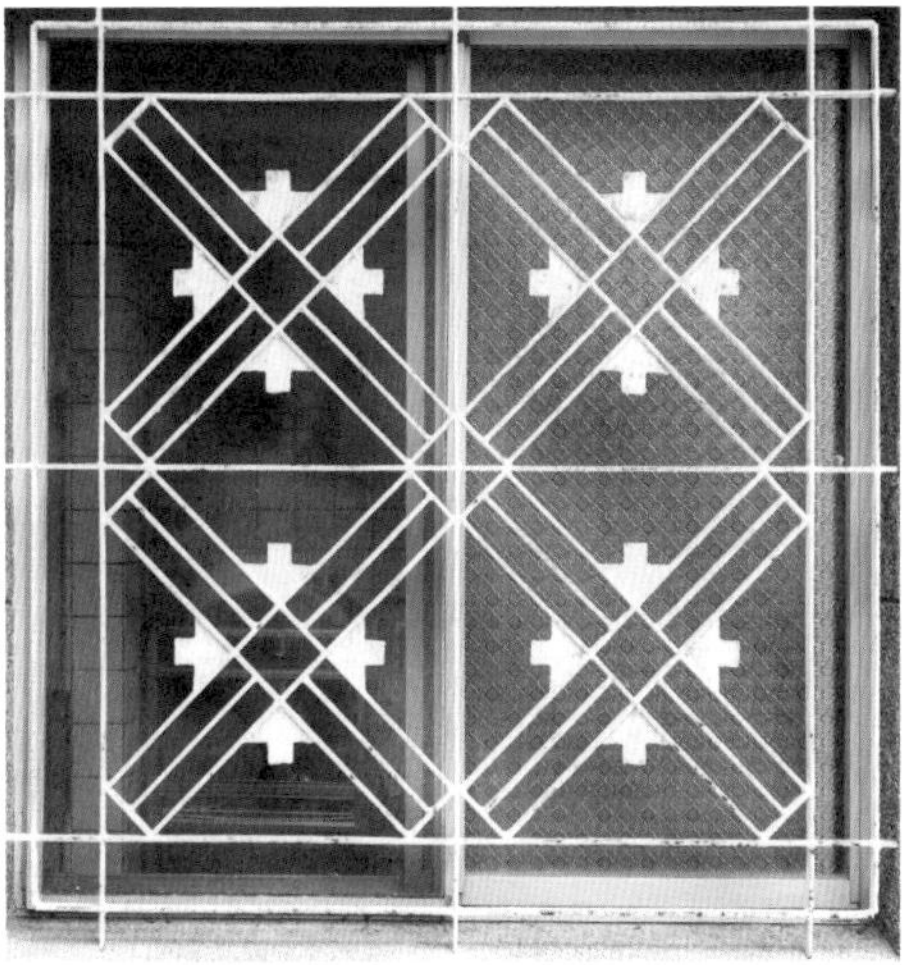

整することによって新たなパターンが生まれます。幾何学模様を分解すると同じ線や多角形で構成されており、どのように並べても常に連続性があります。さまざまな角度に回転させたり、垂直、水平方向、または対角線上に合わせ鏡のように配置すると、模様はあたかも万華鏡のように上下左右に反復しながら複雑に展開していきます。

大量生産品に個性を加える

経済が飛躍的に発展した時代には新しい住宅が雨後の筍のように次々と建てられ、それに伴って鉄門や面格子の需要も急速に高まりました。集合住宅では大量発注でコストを抑えるため、同じタイプの鉄窓花が並ぶことも珍しくありません。工場側からすれば、手作

業で形を作っていく文字や草花の模様に比べ、ベーシックな模様は型を使って方形や円形などのパーツを作っておけるので、注文が入っても素早く納品できます。また、手作業の難度も低いため、競争力のある価格を提示することができました。「型」は職人自ら作ったものもあれば、鉄材店で売られている出来合いのものもあり、台湾各地で共通の特徴を持った幾何学模様が見られるのはそのためかもしれません。ただ、同じ型で作ったクッキーも作る人のアレンジ次第で変わってくるように、職人たちは出来合いの型を使用しつつ自分なりの変化を加え、独自の模様を発展させました。台湾の鉄窓花の多様な模様はこうして生み出されていったのです。

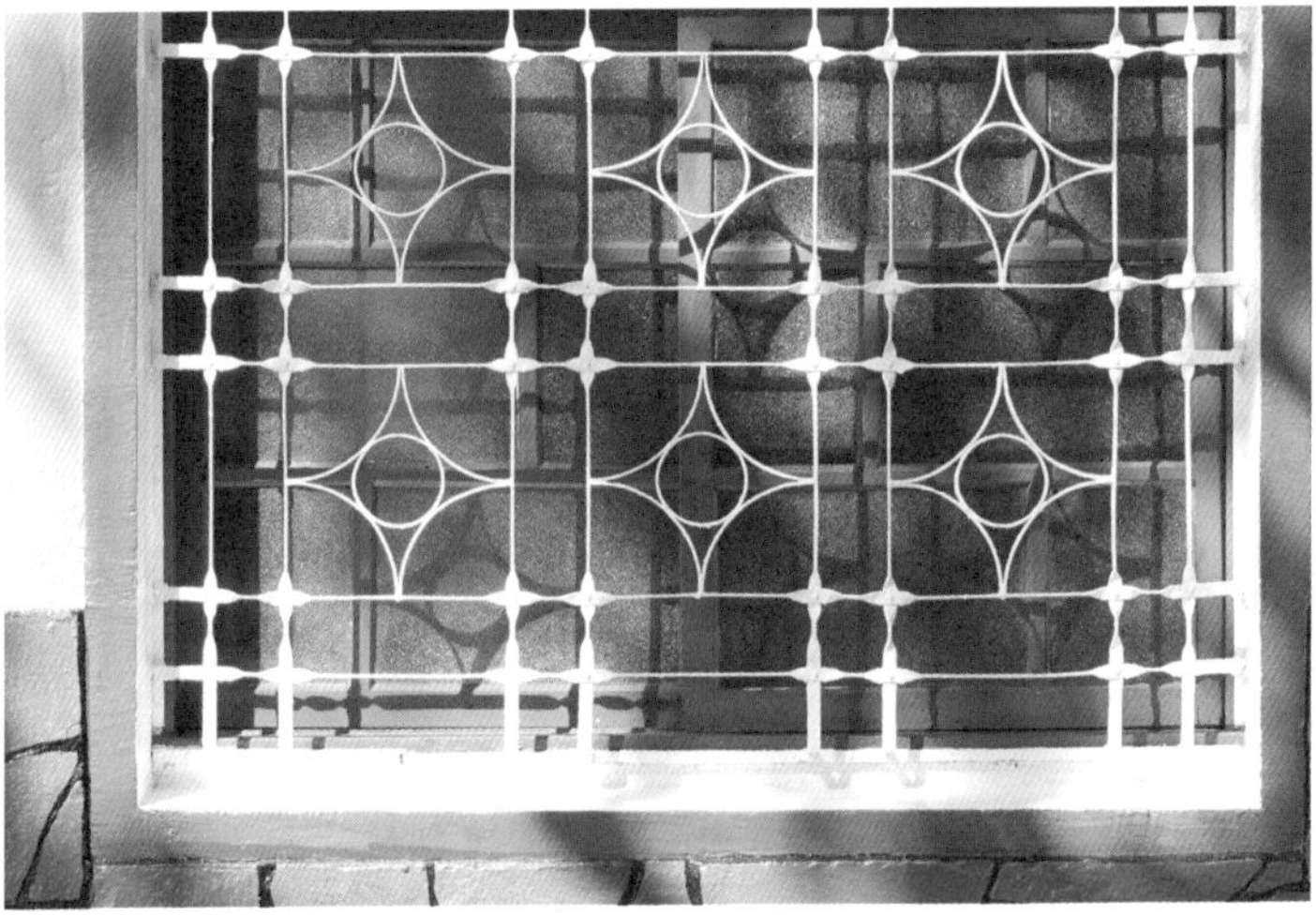

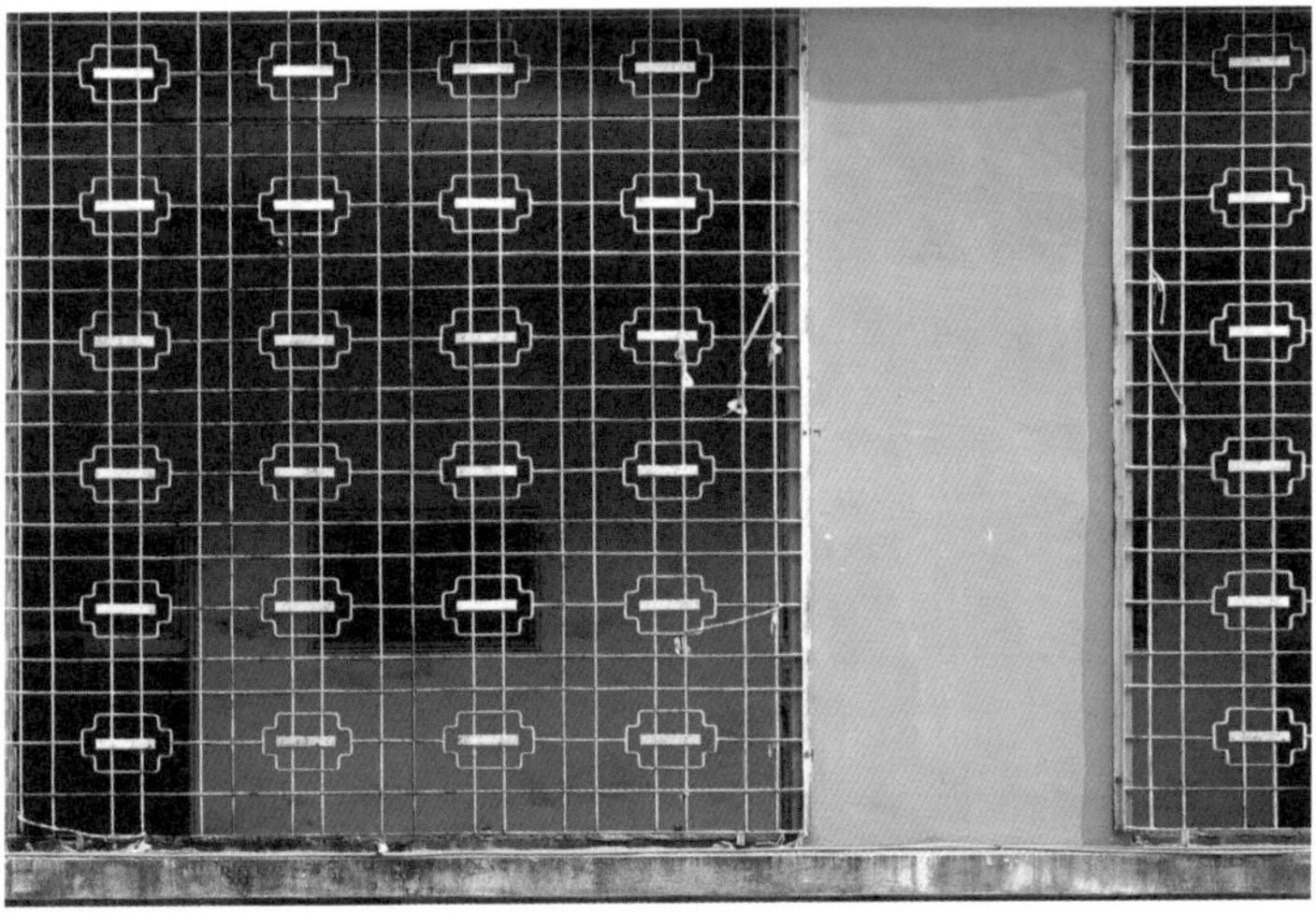

かわいらしかったり斬新だったり、幾何学模様はデザイン次第で自在に印象を変えることができる。

伝統的な文様との融合

鉄窓花は職人自身がデザインする模様のほか、伝統的な文様を取り入れることもありました。これらの文様の多くはやはり幾何学的であり、単なる装飾だったものが長い歳月をかけてめでたさを寓意するものとなり、広く愛されていきました。例えば高雄市の内門紫竹寺では、石彫やテラゾー（人造大理石）に祥雲、卍、銅銭、方勝などの文様がふんだんに使われ、鉄窓花には「壽」の字や雲文を連続させた模様があしらわれています。これらは民家の鉄窓花にも取り入れられ、廟宇のご加護を自宅の窓辺に取り込み、鉄窓花の連続した模様のように家族の幸せがいつまでも続くことを願いました。また、日本の文化の影響を大きく

日本の和柄を取り入れた鉄窓花。
左:麻の葉　右上:松皮菱　右下:七宝

受けた台湾では、子供の健やかな成長を願う麻の葉、円満を意味する七宝《しっぽう》のほか、矢絣《やがすり》、網代《あじろ》、松皮《まつかわ》菱《びし》など伝統的な和柄を変化させた模様を鉄窓花にも取り入れました。

地方色豊かな「ご当地鉄窓花」

新たに家を建てる時は周りの建築様式も参考にするため、地域ごとの特徴的な鉄窓花があります。南部の高雄や屏東でたびたび目にする雲文の鉄窓花は、廟宇の装飾を民家に応用したもので、多くは台湾では馴染みのある青緑色のペンキが塗られています。台湾各地の鉄窓花を訪ね歩くなかで、このような〝ご当地鉄窓花〟は特に印象に残るため、レトロ建築愛好者から鉄窓花の写真が送られてくると、十中八九その場所を言い当てられるようになりました。複雑に変化した鉄窓花の模様をじっくり観察しながら、元となった幾何学模様までさかのぼっていく――それが私たち二人の共通した鉄窓花の観賞スタイルであり、職人が工夫した一つひとつの工程を再現するプロセスにも似ています。

オーナーの移り変わりや改修の繰り返しを反映して、
同一規格の窓にさまざまな鉄窓花が並ぶアパート。

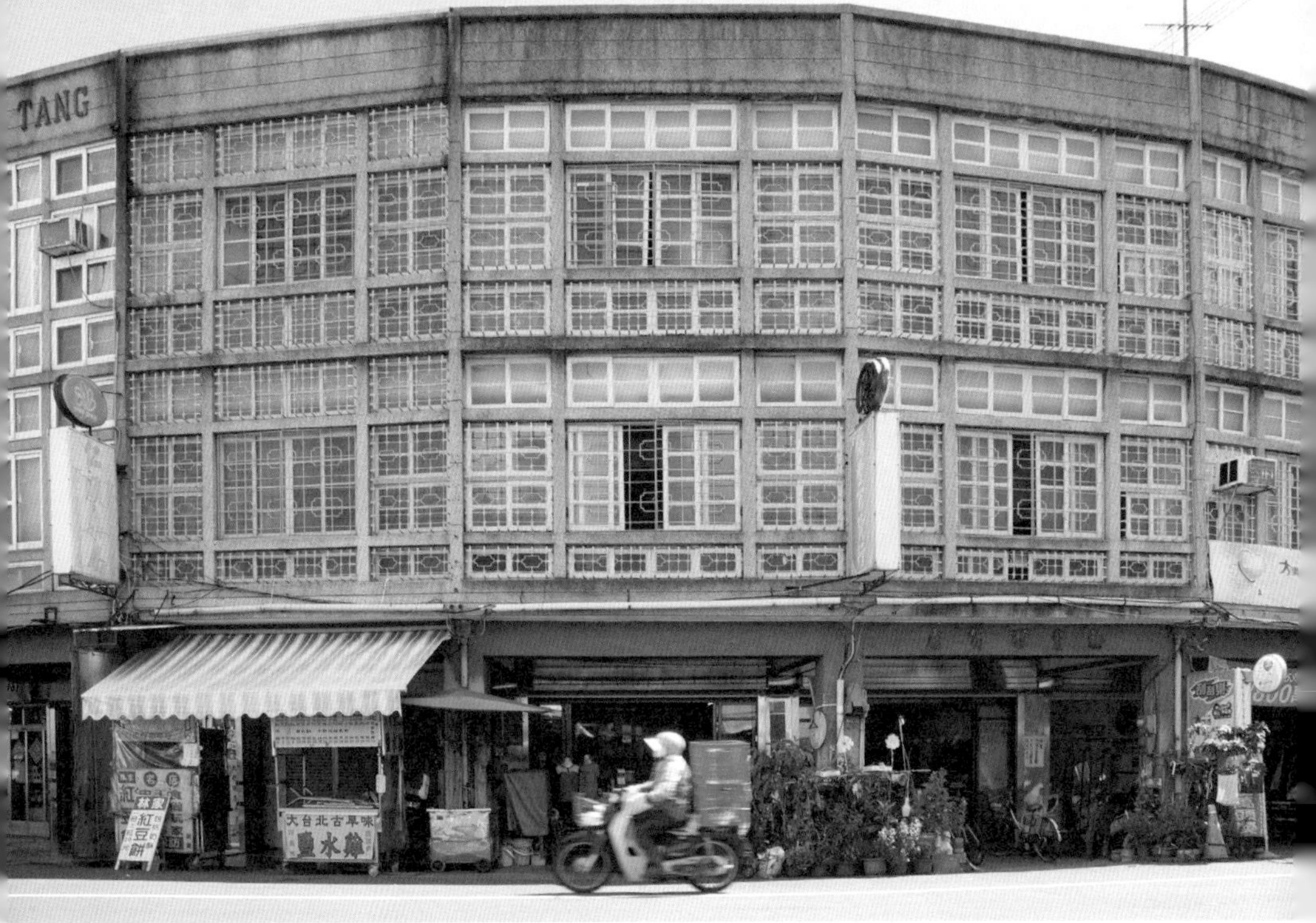

単一の図案を大面積に使用した鉄窓花が建物を大きく見せる。

上下左右を揃えて並べれば安定感があり、互い違いに並べれば躍動感が生まれる。

宜蘭でよく見られるベーシックな模様。

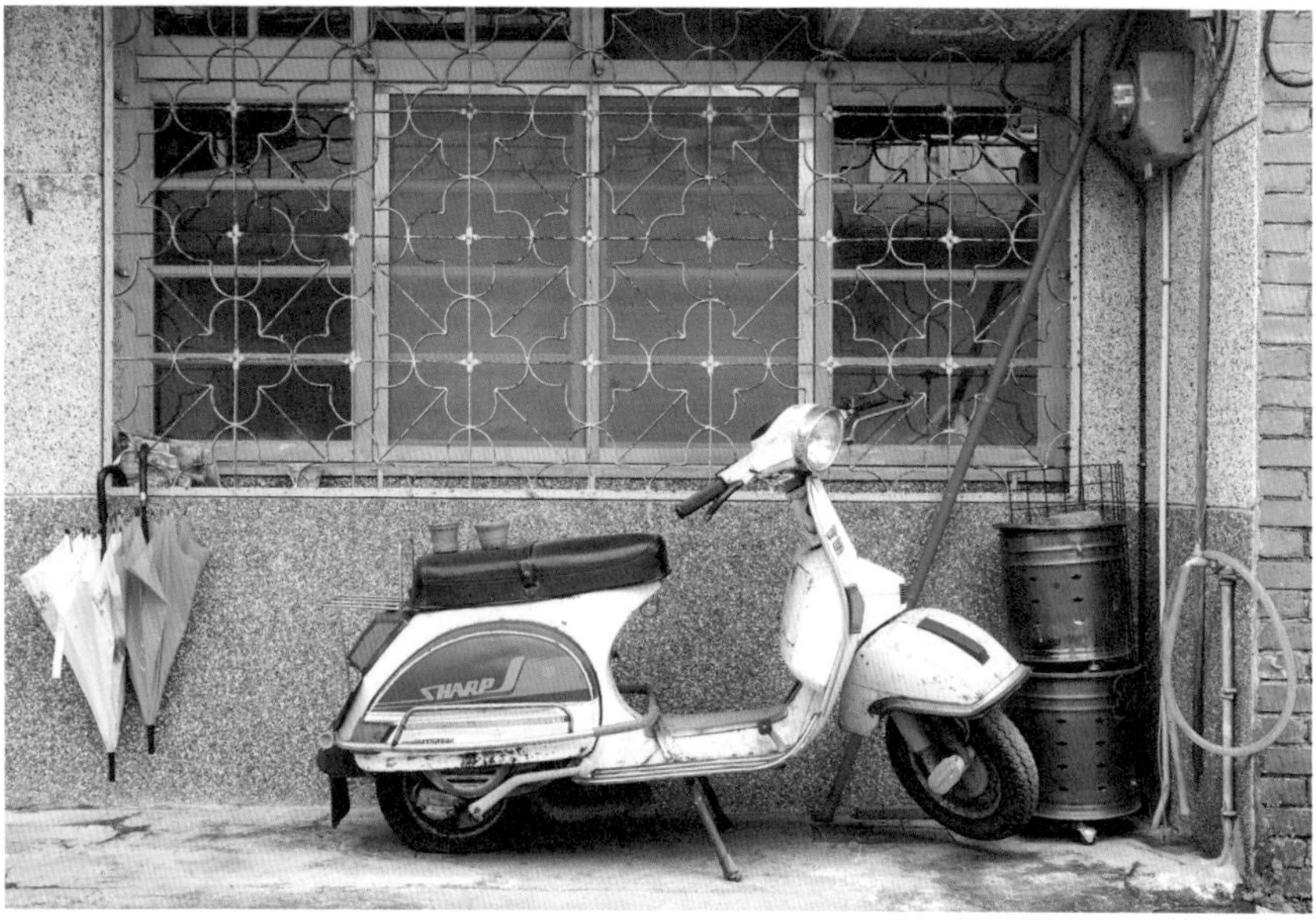

Takeout

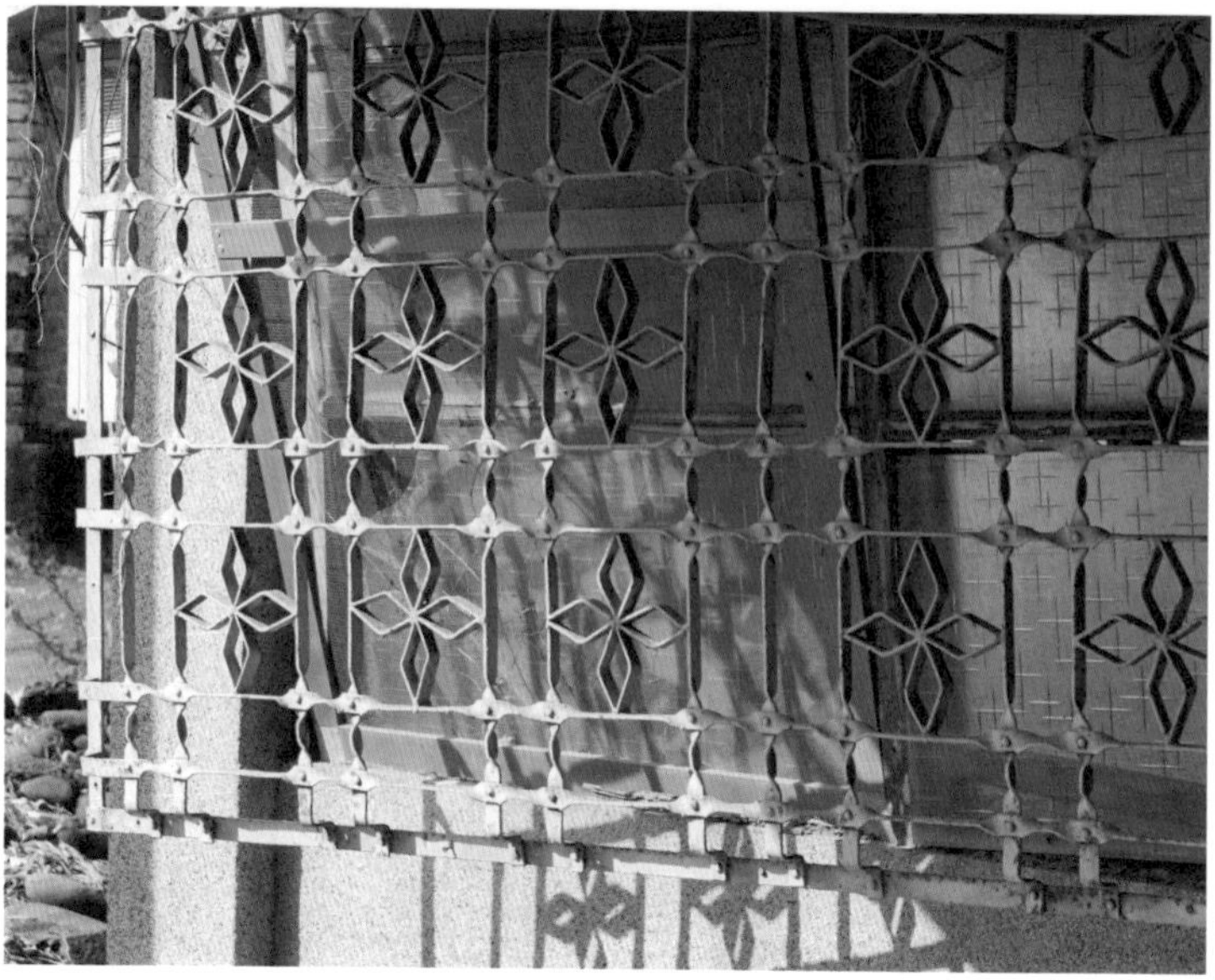

0963-151500

8

絵画

子孫繁栄を象徴するブドウとオウムが抽象的なラインで描かれている。

家主の個性がにじむ芸術性に富んだ鉄窓花

街なかの鉄窓花を観察していると、隣接する住宅では同じような鉄窓花が多く、職人オリジナルの模様だったり、花や矢印などの出来合いパーツを組み合わせたものだったりします。同じ様式の鉄窓花が大きな面積に並ぶ様子は壮観で美しいものですが、個性を欠いた鉄窓花に物足りなさを感じるオーナーもいたでのしょう。そこで職人が部分的に特別な絵柄を入れた鉄窓花やオーナー特注の鉄窓花が生まれることになりました。単一の模様を繰り返した鉄窓花とは異なり、絵画タイプの鉄窓花には丸型や扁平型の鉄材、付属の装飾パーツなど多様な素材が使われており、フリースタイルの手作り感も演出できます。ただし、どんなにアイディアを凝らした図案であっても鉄窓花に施工できるかどうかが大前提であり、芸術的な息吹をたたえながら防犯機能を兼ね備えてこそ「佳作」です。

抽象画から故事の一場面を表した作品まで

絵画タイプの鉄窓花は、幾何学模様とテーマとなる模様を組み合わせたものと見なすことができます。職人はまず鉄窓花を幾つかのエリアに区切り、テーマとなる装飾パーツに合わせてエリアのサイズを調整し、その周りに連続した模様を組み入れて仕上げていきます。台湾各地のベランダに見られる「ブドウ棚」もフレーム、テーマ（ブドウ）、スペース調整のために組み入れたブドウの蔓に分解して見ていくと、製作の工程が分かってきます。

以防被竊

海、島、ヤシの木など南国の風情が鉄窓花に広がる。(彰化)

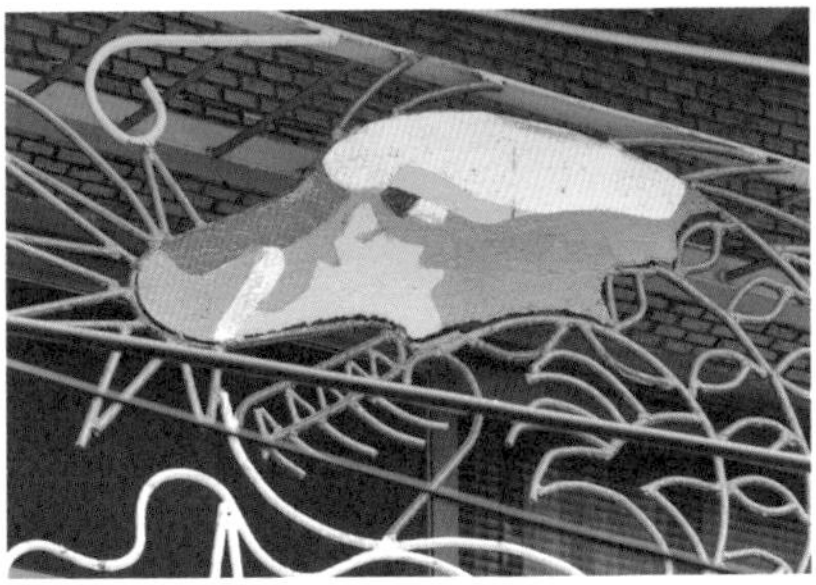

絵画タイプの鉄窓花は複雑な構図が多いため、
色を塗り分けることで分かりやすくしている。（新竹関西）

上の写真と同じ職人が手がけたと思われる。同じテーマと構図だが、
描写に変化をつけて単調にならない工夫がされている。（新竹内湾）

龍と鳳凰をモチーフにしたダイナミックな図柄。(宜蘭頭城)

「龍鳳呈祥」（吉祥を呼ぶ龍と鳳凰）をモチーフとした宜蘭県頭城の鉄窓花は、生き生きとしたシルエットに、オレンジ、白、青、赤の四色のペンキで龍と鳳凰、白い雲、波、炎に色をのせています。既に半世紀を超える鉄窓花ですが、手入れが行き届いていて保存状態は極めて良好です。一方、新竹県関西で見つけた同じく「龍鳳呈祥」の鉄窓花は、図柄も文字も素朴かつストレートなタッチで、創作者の個性があふれています。オーナーによれば毎年業者に頼んでペンキを塗り直しており、業者が塗り間違えたところを自分で塗り直したこともあるとか。鉄窓花にかけるオーナーの思いが伝わってきます。

特注の鉄窓花であれば故事のワンシーンを表現することもできます。「龍鳳呈祥」のほかにも台中の「羔羊跪乳」（幼いヤギが跪いて乳を飲む、親孝行の意）、高雄の「福禄万寿平安」や「鯉魚躍龍門」（登竜門）など、どれも絵本から飛び出したような美しさであり、その寓意を忘れぬよう家族に語りかけているかのようです。これらの図案は一目でその意義が分かりますが、なかにはなかなか答えが見つからない鉄窓花もあります。高雄で見かけた「仙女の鉄窓花」は、華やかな衣装をまとった裸足の仙女が、手に木の葉を持ってたたずみ、傍らに吉兆を象徴する竹林、鹿、祥雲などがかたどられています。図案が伝えようとする意味は最後まで分からなかったものの、構図の美しさに息を呑みます。その家の者だけが知る鉄窓花に秘められた思い、しかしその造形と見る者に与える美感は本物の絵画作品にも劣りません。

先住民族の文化を表現

その土地の特色を取り入れた鉄窓花ならば、芸術性だけでなく文化的な意義も伝えることができます。屏東県来義郷では、家々に排《パイ》湾《ワン》族（台湾の先住民族の一族）の伝統的な図案があしらわれ、家の外には狩猟で狩った羌《キョン》の頭蓋骨が吊されています。周りでは聞き慣れない先住民語が飛び交い、まるで桃源郷に迷い込んだかのようでした。そんな集落で、とても特別な鉄窓花を見つけました。幾何学的なラインで描写されていたのは排湾族の伝統衣装を身に着けた人形で、男性の頭飾りには円形の獣の牙が見て取れ、マントには丸い貝殻か瑠璃珠の装飾があしらわれて

仙女を描いたこの鉄窓花は、
これまでに出会った鉄窓花の中で最も精緻な作品の一つ。
仙女の髪、手の指、衣服の模様などが流れるようなラインでかたどられ、
素材が鉄であることを忘れてしまいそうだ。

います。女性の首から肩にかけても同じような珠のような飾りがあります。形は簡素ですが、一族の伝統文化への思いがうかがえ、男女が交互に並んで祝福のダンスを踊っている様子も排湾族集落の伝統を表現していました。

オーナーの思いの詰まった「絵画」タイプの鉄窓花は、そのほとんどが手入れの行き届いた保存状態の良好なものばかりです。当時はただ流行に乗って作られたのかもしれない「鉄窓〝画〟」も、半世紀を経た今日では人々が台湾文化を記録、探索するための大事な存在となっています。

堅固な鉄窓花の内側に故事「羔羊跪乳」の心温まるワンシーンが描かれている。

魯凱《ルカイ》族の彫りの深い顔を並べた鉄窓花。（屏東霧台）

排湾《パイワン》族の集落では伝統衣装を鉄窓花に取り込んでいた。(屏東来義)

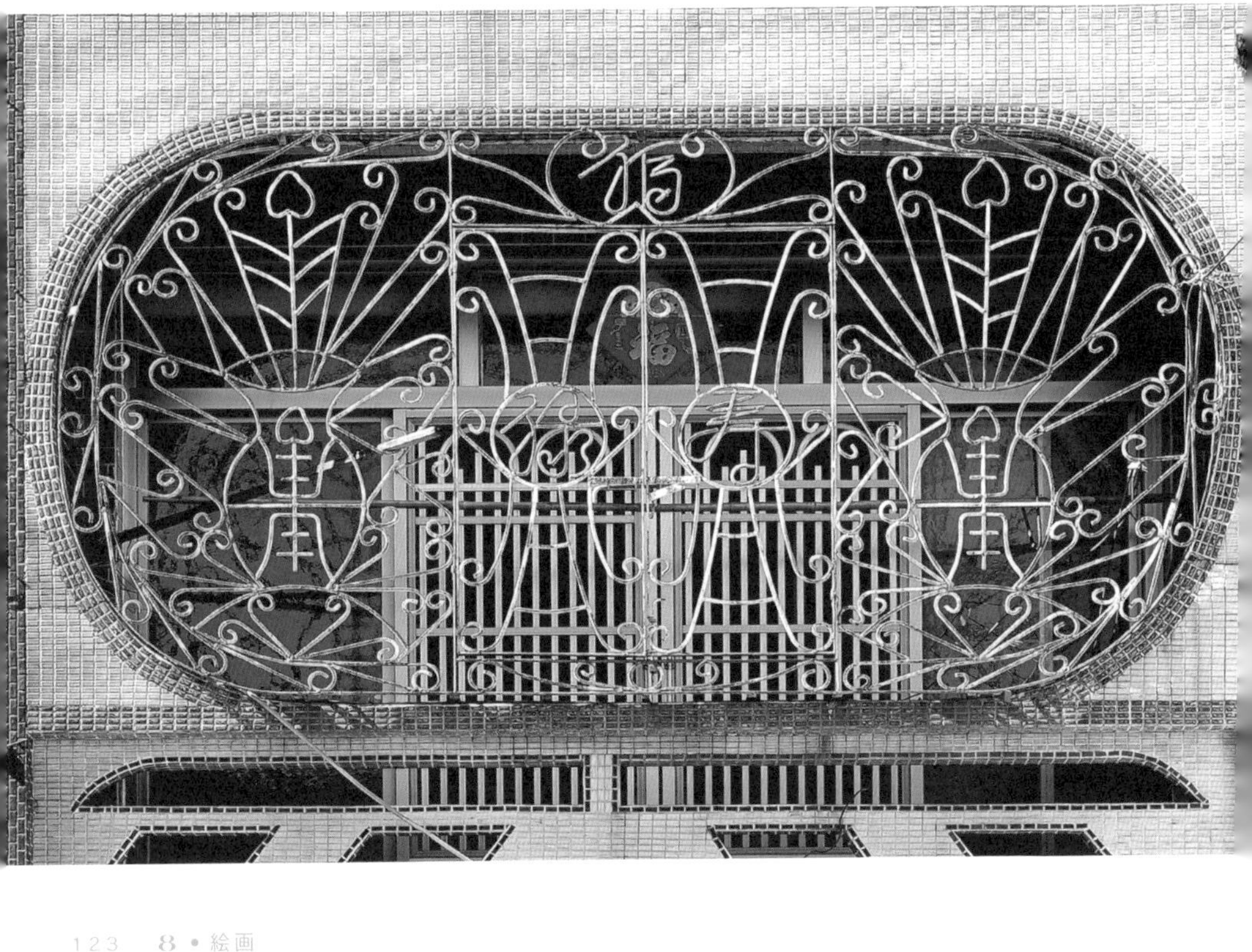

鯉が生き生きと身を躍らせる「鯉魚躍龍門」（登竜門）の鉄窓花。

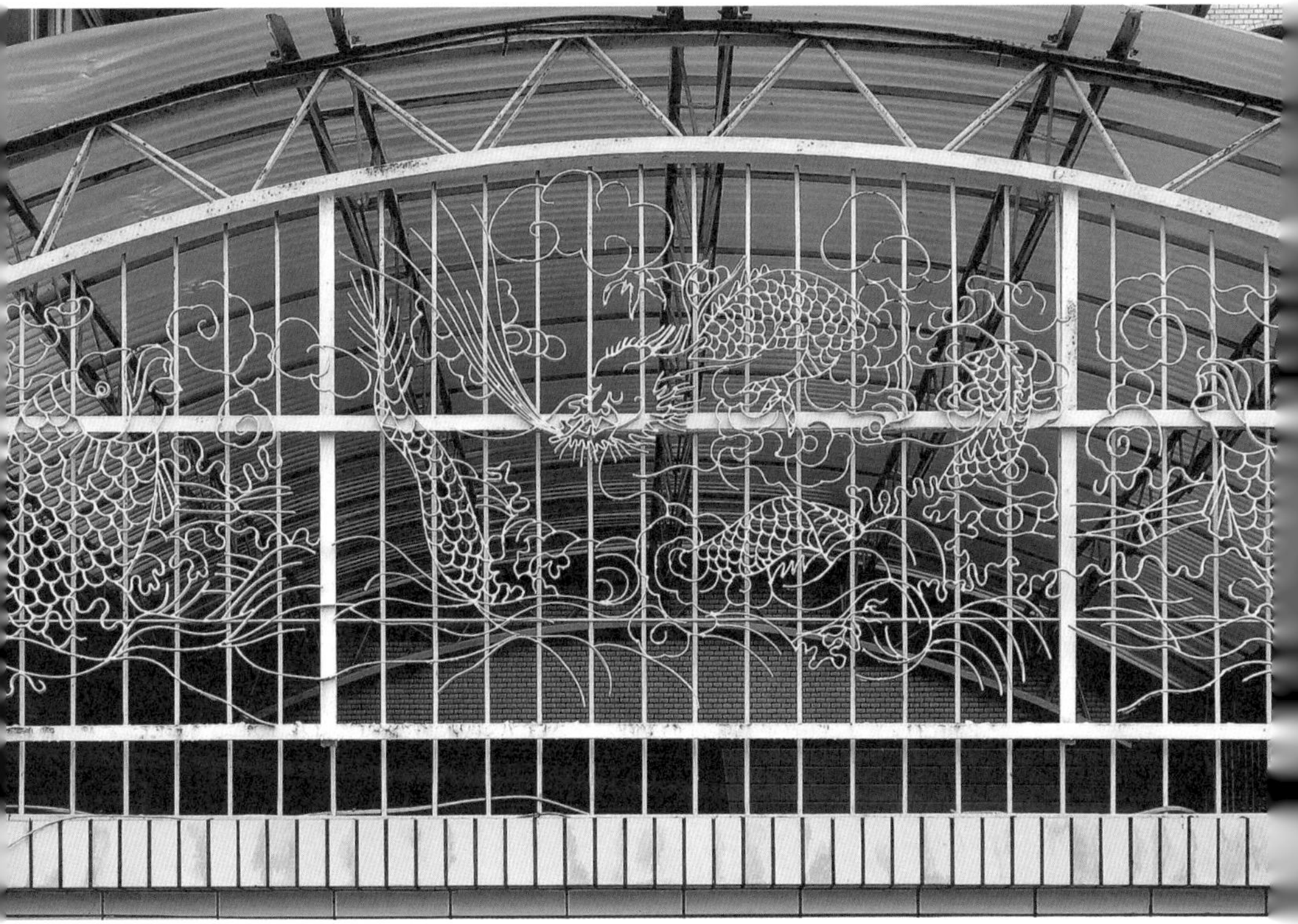

9

器と縁起物

庶民生活の中の縁起物

「風水」は中国人の居住環境に深い影響を与える中国の古い学問で、西洋人にとっては東洋の不思議な文化の一つです。気象や地理、景観、生態、ひいては心理学と日常の健康などの要素を取り入れ、扉や窓のサイズから階段の蹴上げ（1段分の高さ）、家具などの設えに至るまで人々の生活に密接にかかわるもので、もちろん家の装飾や日用品も風水を大きく左右するとされています。例えば中国語の「福《フー》」の発音と似ている蝶や蝙蝠《こうもり》、有り余るという意味の「余《ユー》」と同じ発音の「魚」は、中国人の家でよく見かける図案や装飾です。ま

商店の換気窓に取り付けられた宝船の鉄窓花は商いの順風満帆を願ったもの。
空港近くの民家には、当時の流行の象徴だった航空機をモチーフにした鉄窓花。
どちらも交通機関をテーマとした鉄窓花だ。

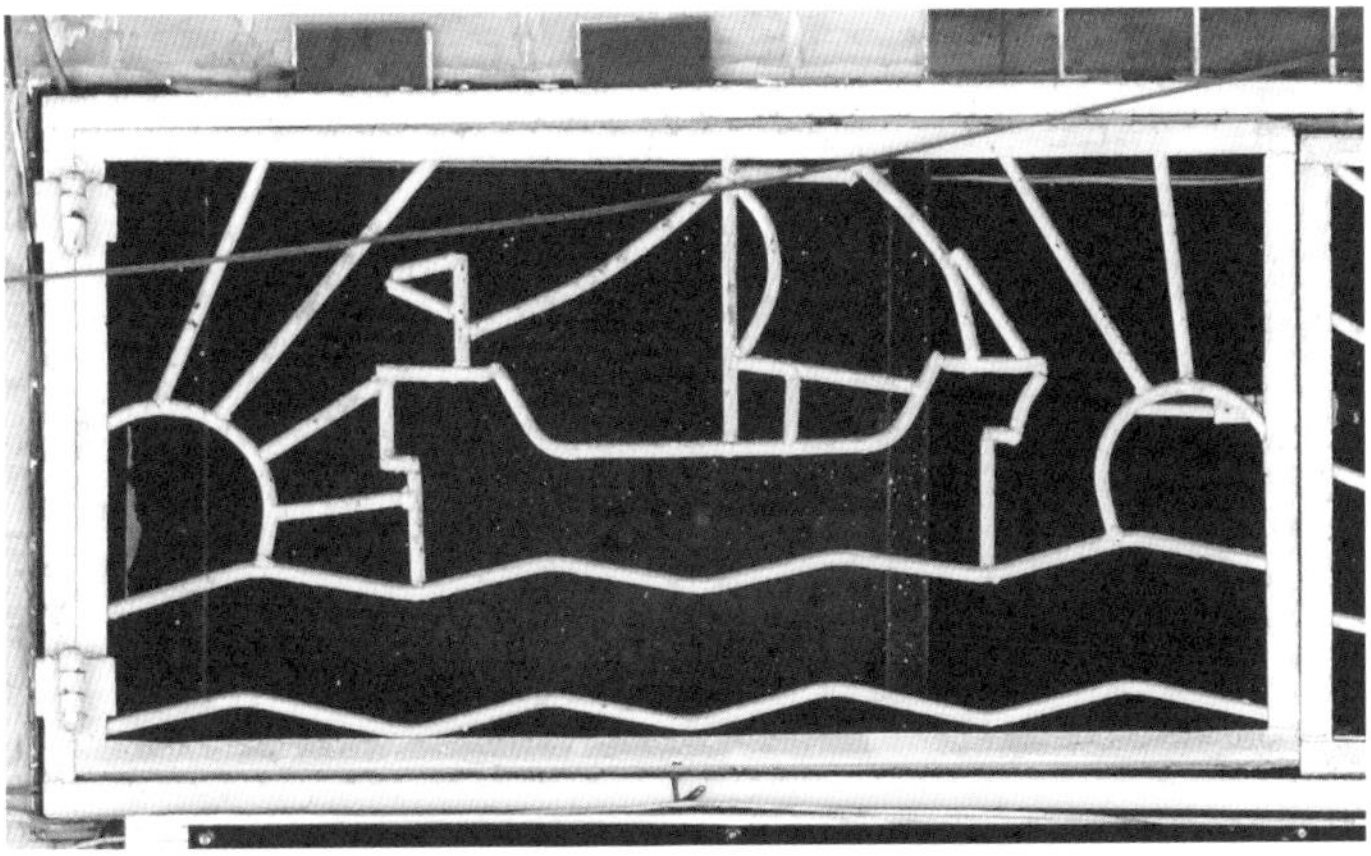

た、生活の中で使われる扇子の「扇《シャン》」の字は「善」と同音のため「善良」を寓意し、ヒョウタンの「葫蘆《フールー》」は「福禄《フールー》」を、「花瓶《ファーピン》」は「平安《ピンアン》」を意味する縁起物として好まれています。

ヒョウタンや花瓶のような「器」タイプの鉄窓花としては、「音楽とダンス」で紹介したピアノやギターなどもその一つに数えられ、交通機関を超大型の〝器〟と見なせば飛行機や船もこの類いに分類されるでしょう（中国語の〝器〟は道具の意味も持つ）。屏東の飛行機の鉄窓花は先にも紹介しましたが、嘉義県朴子市にも飛行機をかたどった鉄窓花があり、これは近くの嘉義空港からインスピレーションを得たものと思われます。また、河港と海港を有する高雄では、水面を滑る帆船や、蝶と日本の宝船を描いた鉄窓花を目にすることができます。

平安を象徴する花瓶

しかし、器タイプの鉄窓花にもっとも頻繁に登場するのは、なんと言っても花瓶です。平安を象

徴する花瓶は家の中の置物としてだけでなく、古くから建物の装飾にも用いられてきました。例えば中国伝統建築では花瓶の形をした出入口があり、「出入平安」（家内安全、交通安全）を願いました。このほかにも洋風建築のような水瓶形の欄干、花瓶をモチーフにした壁画や彫刻装飾なども数多く見られます。これらの花瓶をテーマとした模様は、1960年代に流行した鉄窓花にも取り入れられ、「平安」の象徴として新居に添えられるようになりました。

窯場が違えば焼かれる陶磁器も異なるように、各地で流行した鉄窓花の花瓶のデザインもまた、職人の製作方法によって大きく変わってきます。構図に透過性を持たせるかどうか、色をのせるかどうか、瓶と背景を明確に分けるかどうかなど、職人のアイディアによってさまざまな「花瓶」が発展していきました。頸の部分が細く、腹がふっくらとした花瓶は福や富が外へ流れにくいことを表し、背丈の低い盆形は財が溜まることを象徴するなど、「花瓶」の形はその高さや膨らみ具合から、呼ばれる名称も持つ意味合いも各様です。

雲林と嘉義の田舎町を訪れた時のこと。伝統建築三合院の表で涼んでいたお年寄りたちが、まるで村の一大事かのように私たちを熱心に案内してくれました。そこで出会った長方形の面格子には、台座に載った花瓶が格子の中に収まるように配置され、瓶には雲霧が立ちこめる山が描かれていました。ペンキの鮮やかな色合いから、入念に手入れされていることもうかがえます。花瓶が象徴する「平安」のほか、咲いた花は「花開富貴」（花開いて富貴至る）、花瓶に描かれた山は「寿比南山」（南山の寿）を寓意するなど、実にめでたさにあふれる鉄窓花でした。嘉義地方の「花瓶」は鉄窓花の主役であることが多く、大きな花瓶に太陽、月や星、山や流水のイメージをあしらったり、福禄寿などの文字を添えたりしています。一方、新竹と苗栗《ミャオリー》地方は小ぶりな花瓶を帯状に連ねた鉄窓花が人気で、ほかの地方では単色が多いのに対し、二種類以上を配色したものが主流です。

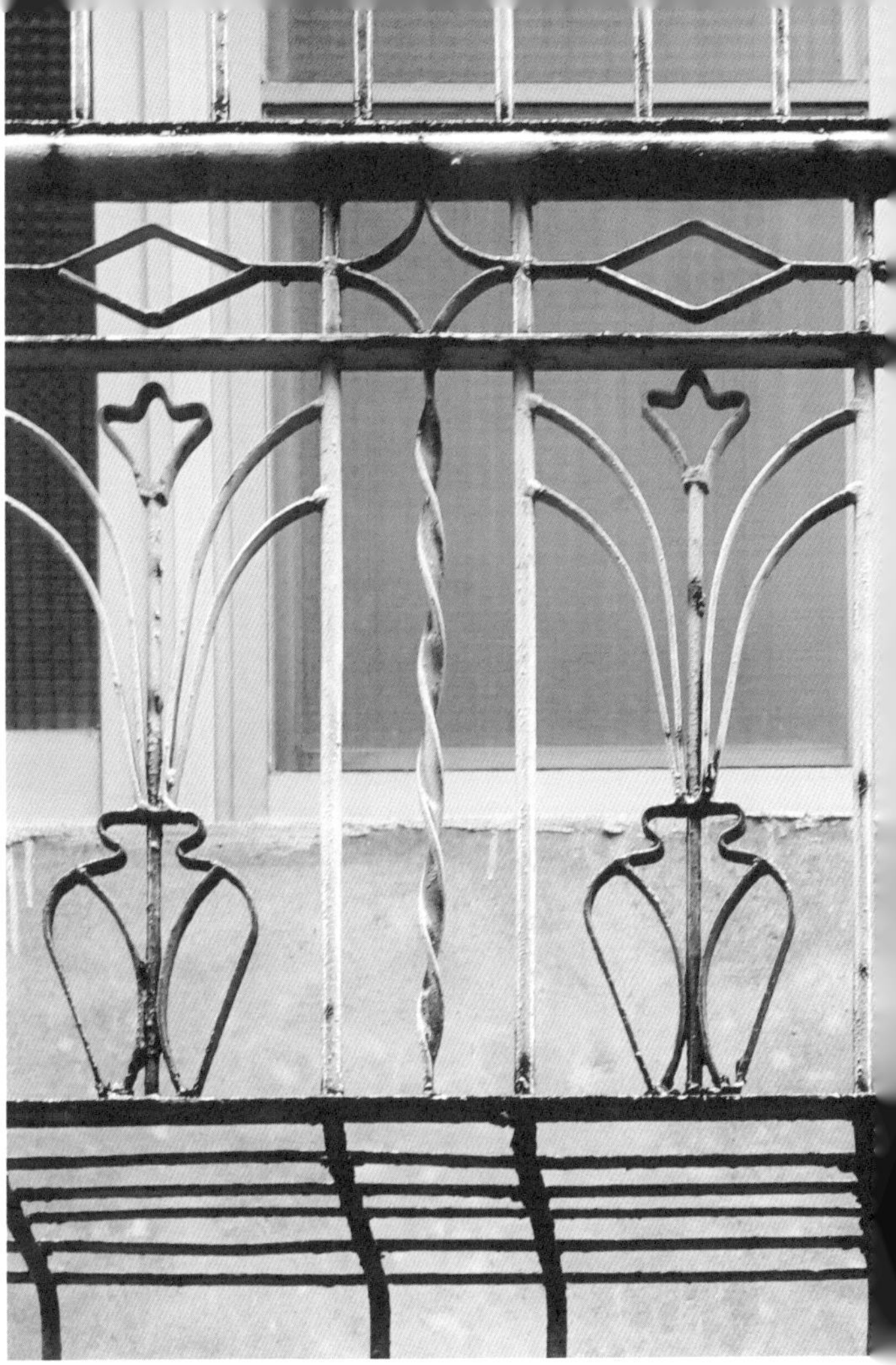

平安を象徴する花瓶の中に
南山の寿を寓意する山が描かれている。

かつて雲林や嘉義では縦長の窓に花瓶をモチーフにした
鉄窓花が多く取り付けられ、花瓶や花の形も多様化していった。

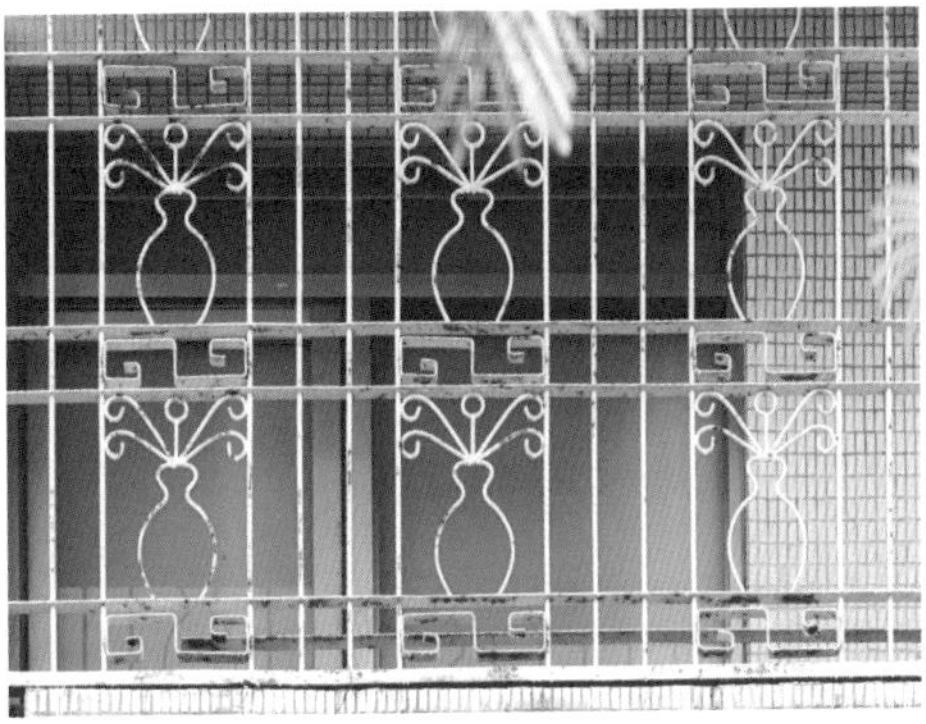

媽古早麵店

対になったヒョウタンは「福禄双全」を象徴。

ヒョウタンと銅銭は財運アップの組み合わせ。

ヒョウタンは悪運を払い、財を呼び込み、家内安全を守るなどのご利益があると信じられ、民家にもヒョウタンや関連装飾をよく見かける。

ご利益の豊富なヒョウタン

「ヒョウタン」もまた建築装飾によく見られる縁起物の〝器〟です。中国語の「福禄《フールー》」と発音が似ているため、「福禄双全」（幸福も事業の成功も手に入れる）を象徴するものとして喜ばれてきました。また、仙人が自然界の万物の精華を収めた神器ともされ、廟宇を飾る装飾にも泥塑や「剪黏」（磁器片やガラス片を切って貼り合わせた装飾）などの形式で登場します。民家の鉄窓花に飾られる「ヒョウタン」には、豊かに丸みを帯びたヒョウタンを二つ並べて夫婦円満を願ったもの、豊かに伸びる枝葉が子孫繁栄を象徴したものなどがあり、避難用の開閉部分に「ヒョウタン」をあしらえば家内安全も意味します。このほかにも十字架、法輪、八卦など宗教にまつわる縁起物もあります。

手作りによる鉄窓花はもはや市場の主流ではないものの、古い建築に今も残された鉄窓花には、歳月を経た古めかしい色合いだけでなく、その図案に込められた当時の社会の価値観を垣間見ることができます。私たちが日常の中でよく目にする〞器〟。その図案の背後にはまだまだたくさんの物語が隠されているかもしれません。

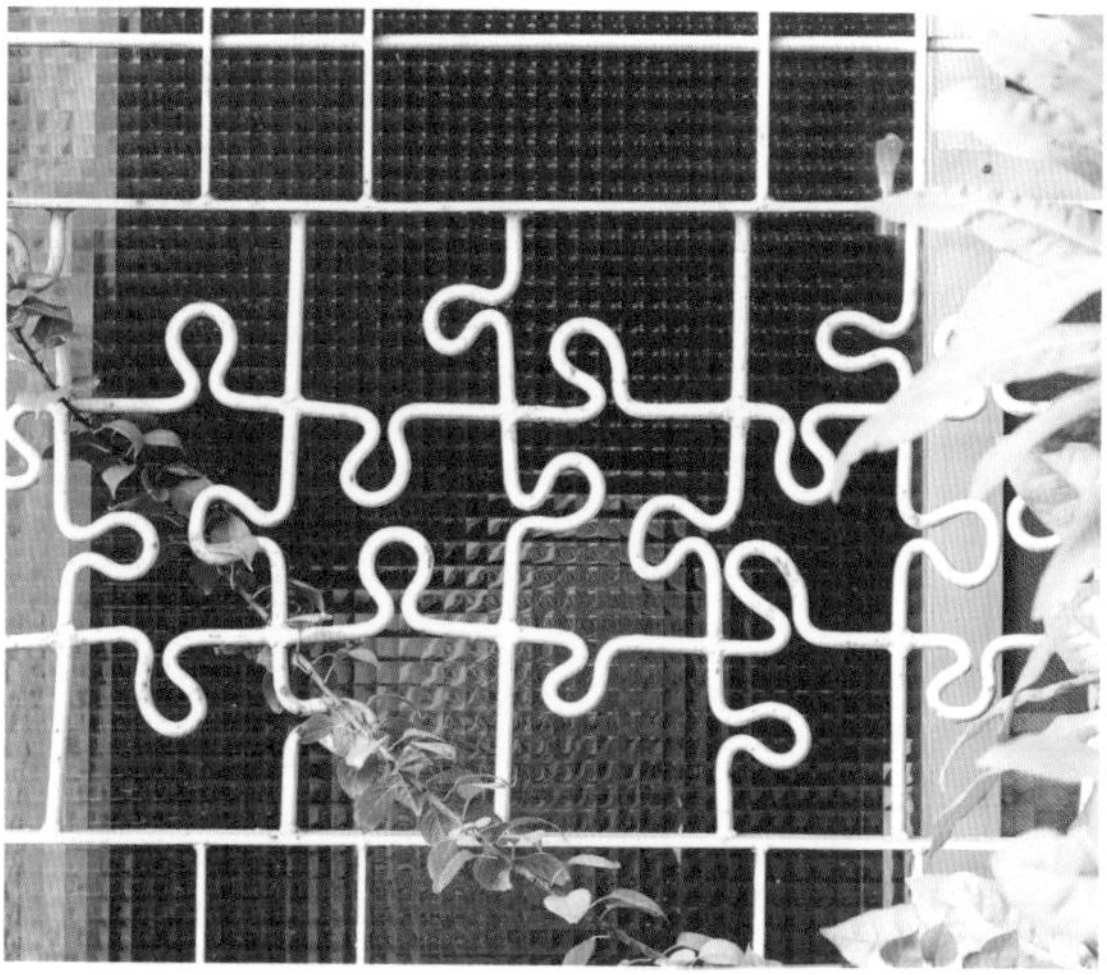

斜めの構図がユニーク(日本、tearoomさん提供)。

10

台湾以外の鉄窓花

鉄窓花に反映される風土と文化

窓辺を美しく飾る鉄窓花は、決して台湾特有のものではありません。ほかの国々でも見られる鉄窓花は、製作方法は台湾のそれと大きな違いはないものの、使われる模様やスタイルはそれぞれの文化によって異なっています。

ヨーロッパでは、古い建築のベランダの欄干や窓手すりなどに鉄窓花のようなアイアンワークが用いられています。草花をはじめ、S字型や渦巻き、曲線などの幾何学模様をふんだんに使い、複雑で変化に富んだバロックスタイルが

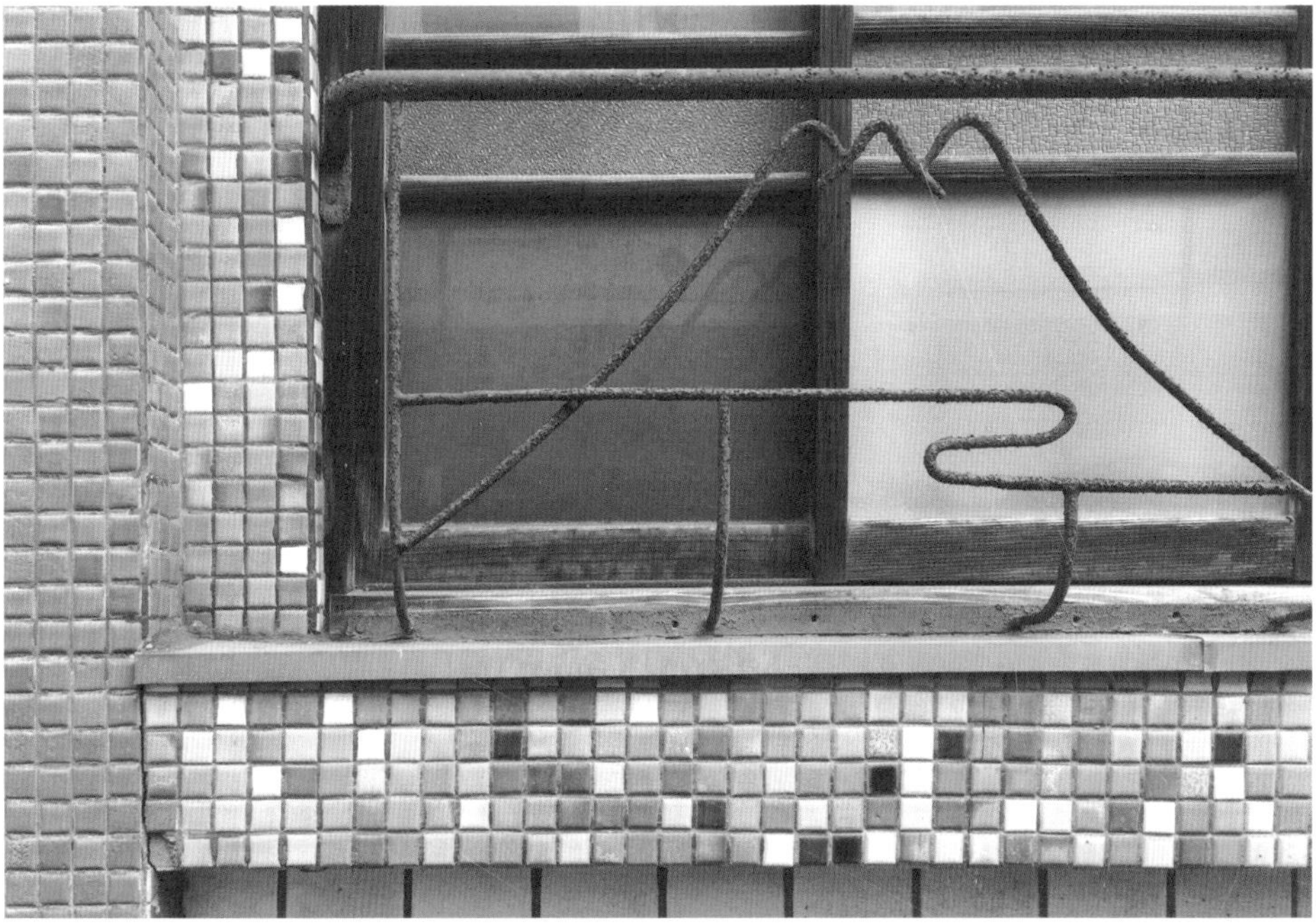

山形の鉄窓花（日本、tearoomさん提供）。

旋律と楽器の鉄窓花（日本、Binmingさん提供）。

印象的です。台湾の鉄窓花も、その始まりは日本統治時代に建てられた洋風建築でした。

明治時代に登場した日本の鉄窓花

では日本の鉄窓花はどうでしょうか。SNSで交流が始まった日本の「面格子ファンクラブ」では、メンバーが日本各地の鉄窓花を記録し、大阪で二度の展示会も行っています。メンバーのBinningさんとtearoomさんによれば、日本の鉄窓花は明治時代に登場したと推測され、当時は円柱形の鉄棒やひねりを入れた鉄帯、または銅帯を組み合わせ、鉄線やリベットで固定したものだったそうです。しかし、台湾の鉄窓花がたどった運命と同じく、第二次世界大戦中の金属類回収令によって、ほとんどの鉄窓花が消えてしまいました。現在日本の街なかで見られる鉄窓花の多くは戦後に設置されたもので、ほとんどが幾何学模様のデザインです。

多民族がもたらす宗教の多様性。色鮮やかな神像が美しいヒンズー教寺院では、
智恵の象徴とされる象が鉄窓花のデザインに。（シンガポール）

多民族・多宗教が共生する東南アジアの鉄窓花

東南アジアのシンガポールとマレーシアにも多様な鉄窓花があふれています。両国ともかつてポルトガルやオランダ、イギリスの植民地だったこともあってヨーロッパ人が数多く居住し、さらに当時は中国やインドから大勢の労働者を受け入れていたため、多民族が共存する社会を形成してきました。その特色が顕著に表れているのが宗教建築です。ムスリムのモスクやキリスト教の教会、仏寺や道教の廟、ヒンズー教の寺院などでは、それぞれの信仰を象徴する鉄窓花を見ることができます。

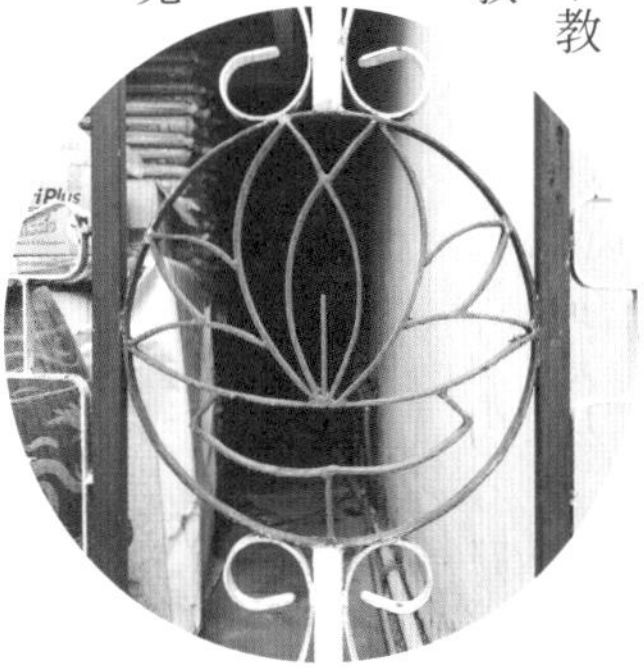

鉄門にも多様な信仰文化が表れている。(マレーシア)

１９３０年代、シンガポールでは現代化が急速に進み、当時のイギリス植民政府は狭い土地と増加する人口に対応するため、公共住宅の整備に取り組みました。チョンバルは、その公共住宅がもっとも早くに建設されたエリアの一つです。当時流行していたアールデコ様式、さらには飛行機や車、船などの外観をモチーフにしたストリームライン・モダン様式(アールデコから派生した様式の一つ)などが取り入れられ、住居の安全対策として鉄製の門や面格子が取り付けられました。これらの建築は２００３年の法制化により保護対象となり、戦前の近現代建築が今も保存されています。

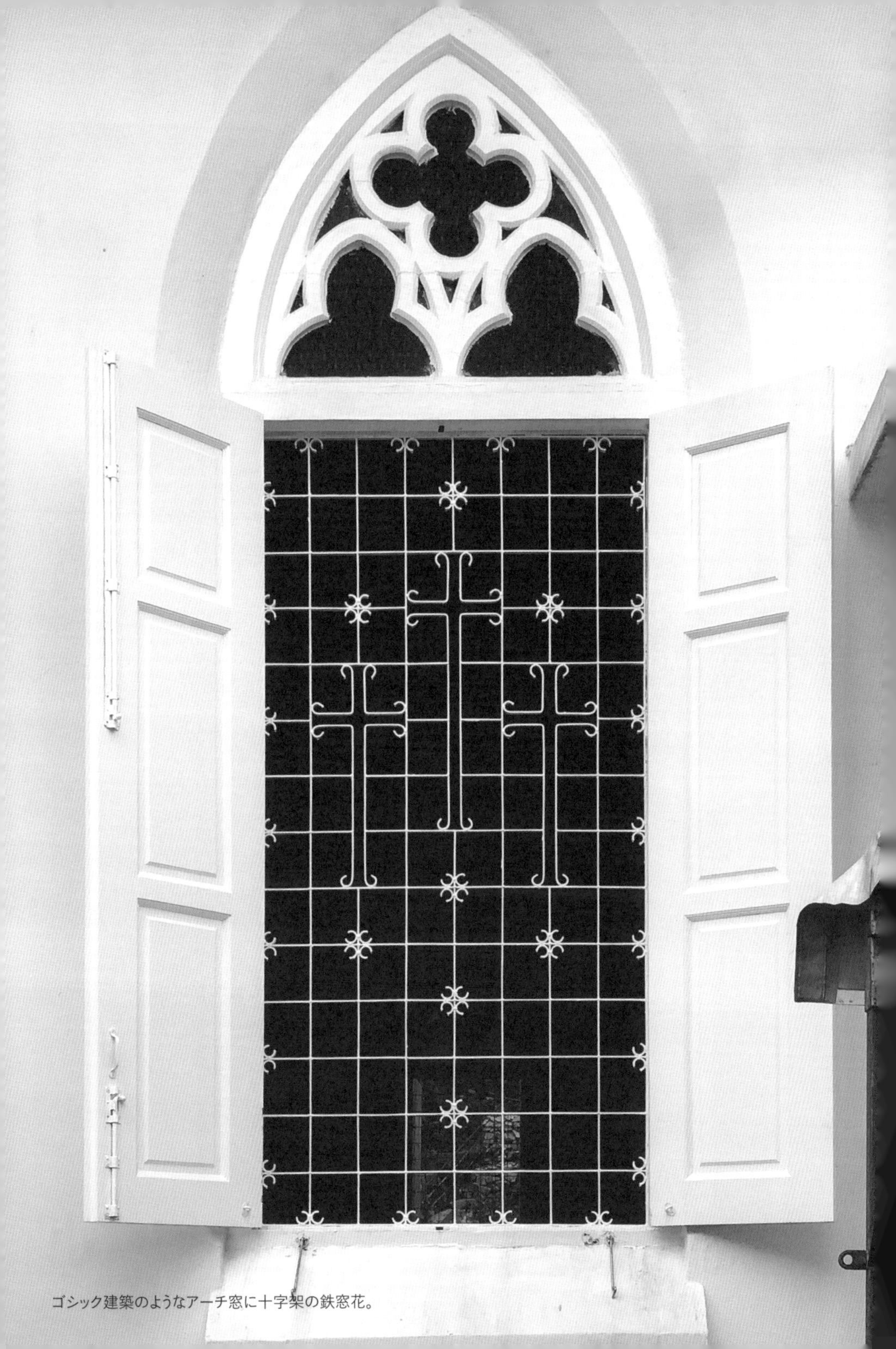

ゴシック建築のようなアーチ窓に十字架の鉄窓花。

事事行行天軍圍成

一朝天子萬代香烟
陽
臨門

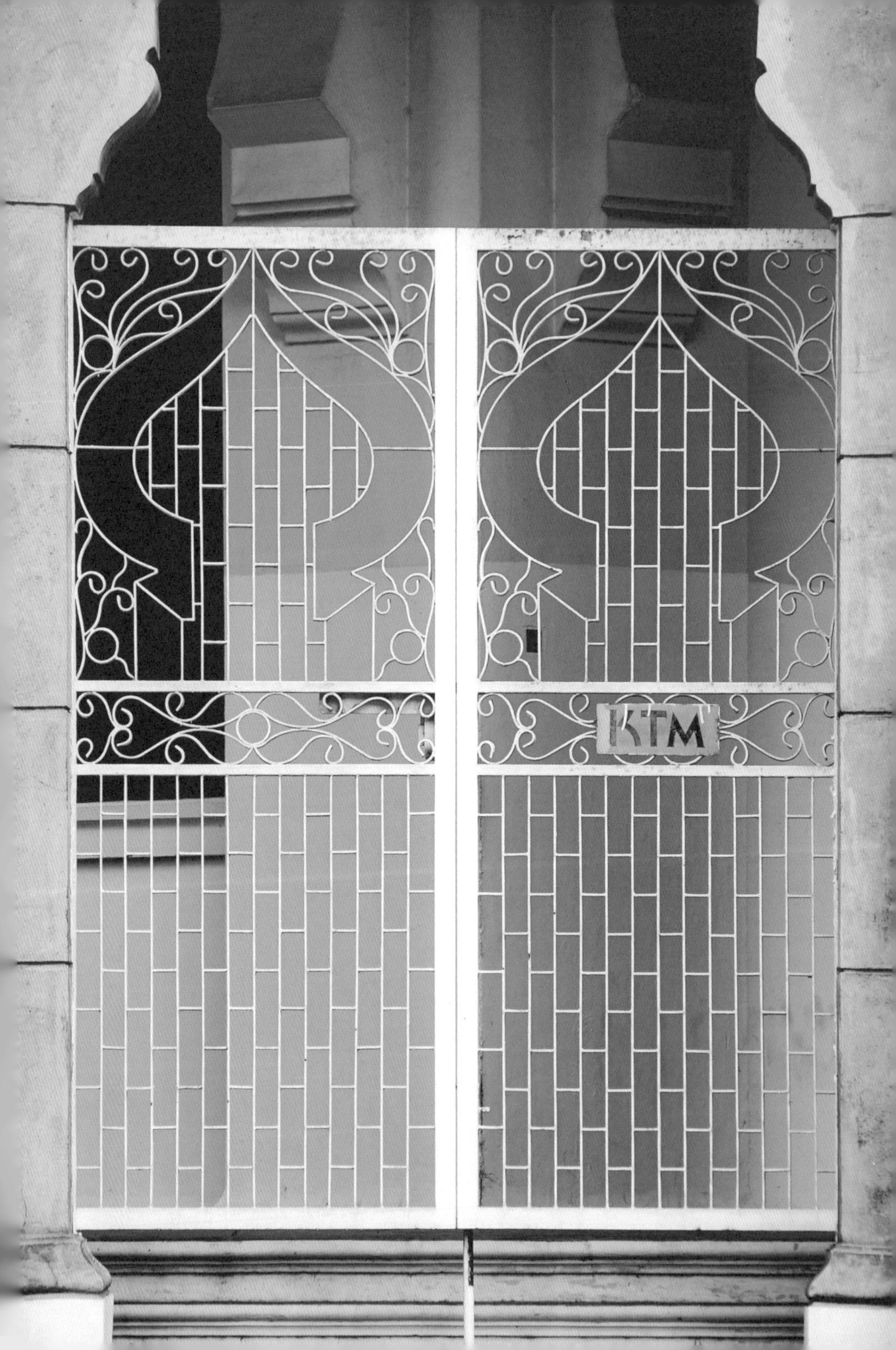
KTM

チョンバルの公共住宅に見られる鉄窓花のデザインは、幾何学模様から東洋で吉祥を寓意する花、「壽」の文字に至るまで、実に多種多様です。数十年の歳月が経っているのにサビひとつ付いておらず、今もなお丁寧に手入されていることがうかがえます。今では鮮やかな色に包まれた公共住宅が多いなかで、チョンバルの公共住宅は当時の白を基調とした壁に、鉄窓花も白に統一されており、戦前の風情をたたえています。

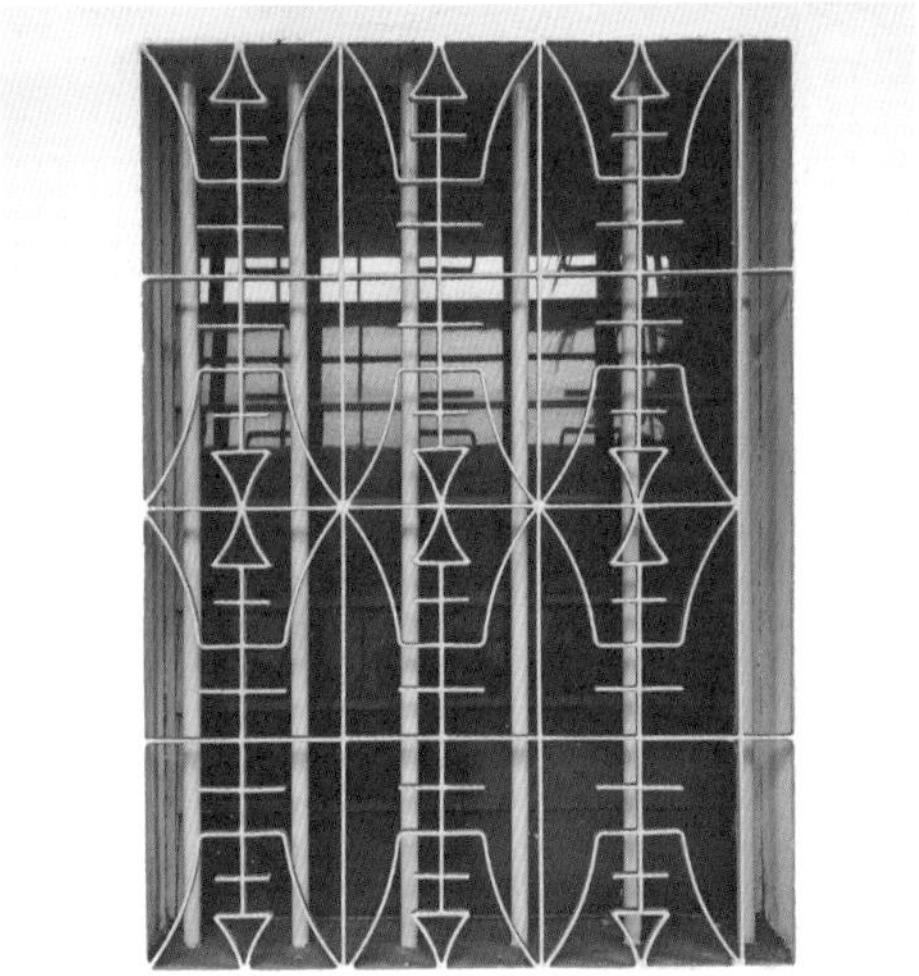
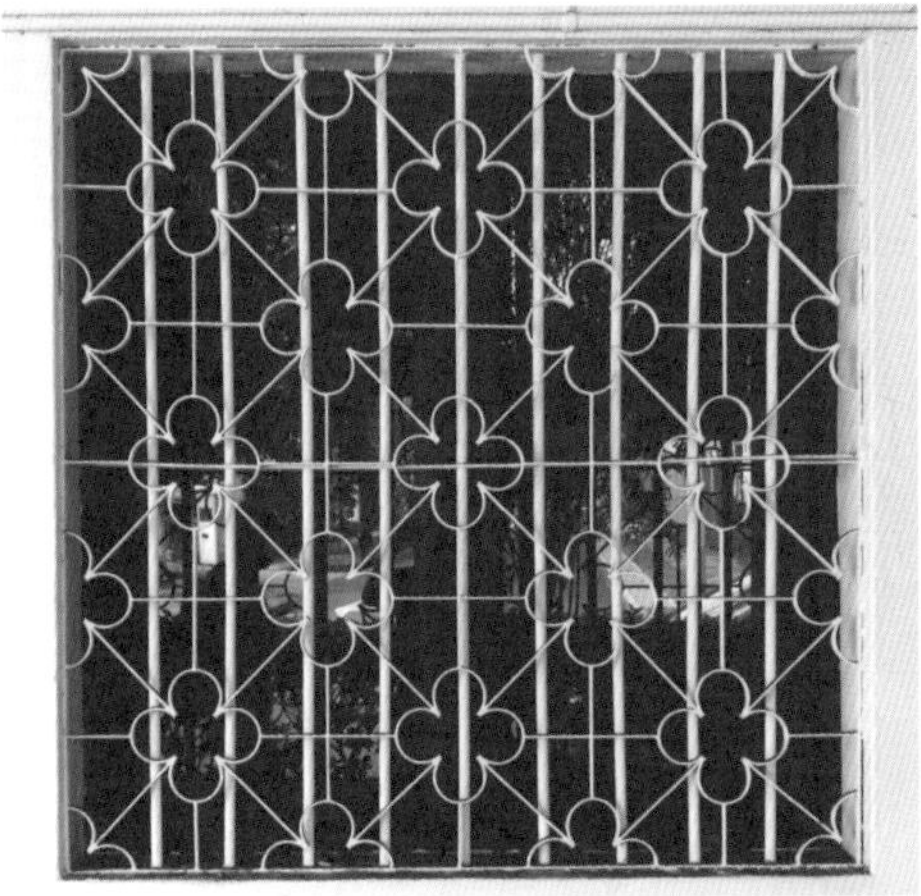

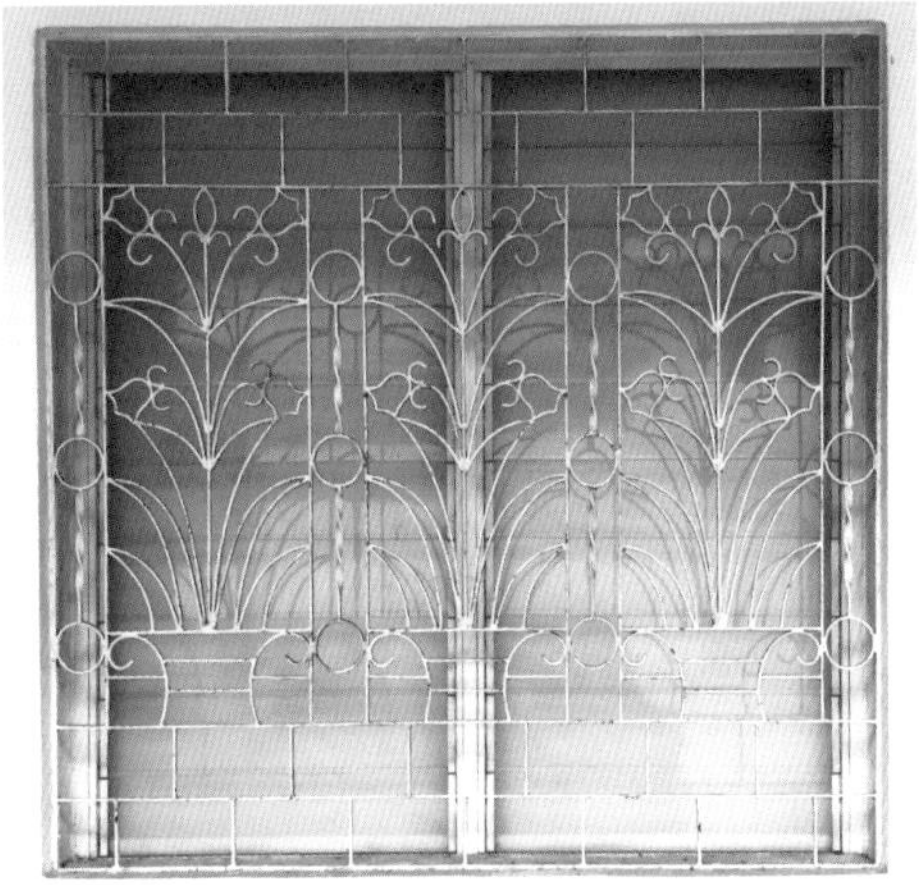

チョンバルの公共住宅に見られる鉄窓花。デザインは多種多様だが、
壁の色に近いペンキを用いているため、町に調和と清潔感をもたらしている。（シンガポール）

馬聯旅社

老地方理髮室
14
恭喜發財

マレーシアの文化的多様性は、特に古い町によく表れています。世界文化遺産にも登録された美しい古都――ペナンは、観光エリアこそすっかり商業化されてしまったものの、保存地区では200年あまりにわたって文化の洗礼を受けてきた街の景観を楽しむことができます。

私たちはにぎやかな商業エリアを避けるように歩いているうちに、たまたま「姑蘇広存堂茶酒楼公会」（「公会」は同業組合のこと）にたどり着きました。その正門にハンダ付けされたさまざまな料理の鉄窓花を発見した時は、二人ともおおいに興奮したものです。ペナンは古くから中国の移民が定住し、商工団体や宗親団体（同じ姓を持つ宗族組織）の施設も数多く設けられました。1875年に設立さ

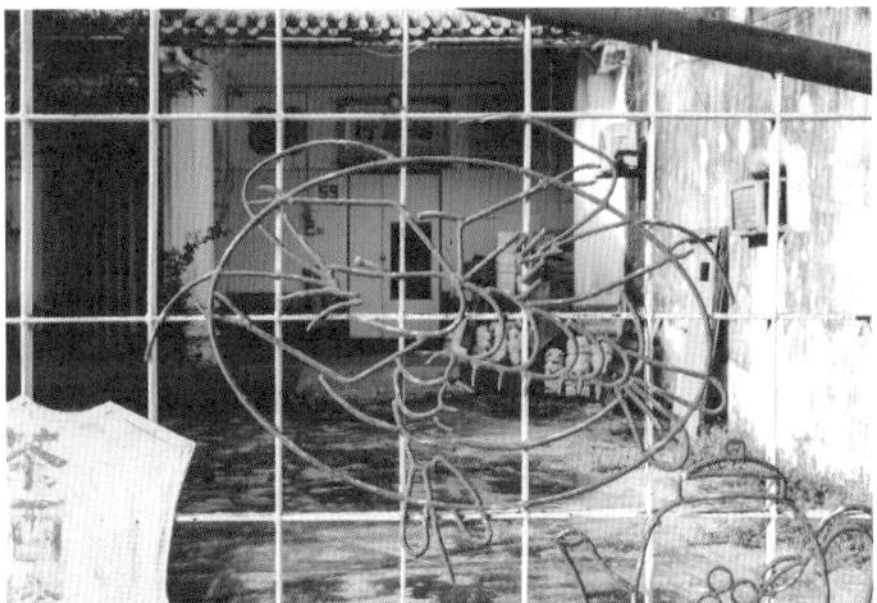

「茶酒楼公会」の鉄門には
料理や食材の図柄が
鉄窓花にあしらわれていた。
(マレーシア・ペナン)

れた「姑蘇広存堂茶酒楼公会」は、地元のレストラン業者の組合関連事務のほか、食材の販売も行っていたということです。鉄門に並んだ山海の珍味は、門扉の装飾であると同時に、組合の業務内容を反映した看板でもあり、ペナンで出会ったいちばんユニークな鉄窓花でした。

11 鉄窓花の色彩学

忘れ難い旅の記憶は、手で触れた感触、舌で味わった味、目に焼きつけられた情景など、心を震わせた瞬間の積み重ねでできています。例えば冬の北海道の真っ白な雪、緑が一面に広がるニュージーランドの草原、または毎年8月に行われるスペインのトマト祭りなど、鮮やかな色彩はその土地を印象づける大切な要素です。近年、台湾でも日常にあふれる色彩の中から「台湾の色」を探し出そうというムードが広がっています。

では「台湾の色」とは、どんな色なのでしょうか。市場に並んだ「紅亀粿《アングーグェー》」（小豆などの餡を米粉やもち米の素地で包んだ台湾の伝統的な赤い蒸し菓子）、「芒果青《マングォーチン》」（台湾在来種の緑色のマンゴーを砂糖漬けにしたもの）など、台湾の昔ながらの食べ物には、名前の中に色が隠されています。「台湾黒熊（タイワンツキノワグマ）」や「藍鵲（ヤマムスメ）」など台湾固有の生物の名称にも色が入っています。街なかに目を向ければ、タクシーの黄色や郵便ポストの赤と緑、廟などに見られるランタンの赤なども印象的です。これらの色は台湾特有のものではないものの、台湾の風俗や文化に深く関わっているため、私たちの脳裏にすぐに浮かんでくる色なのでしょう。

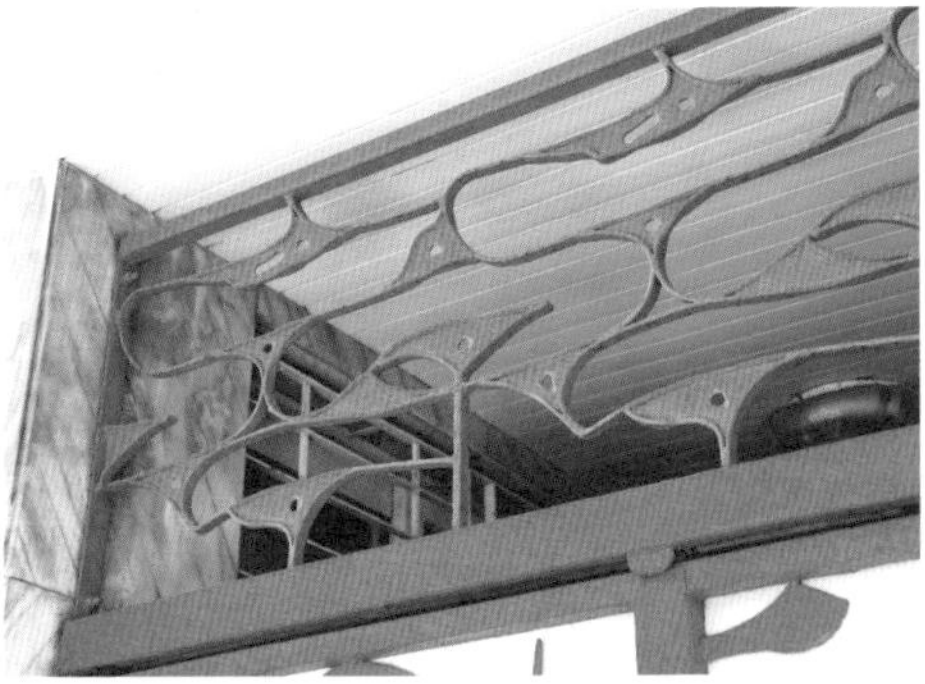
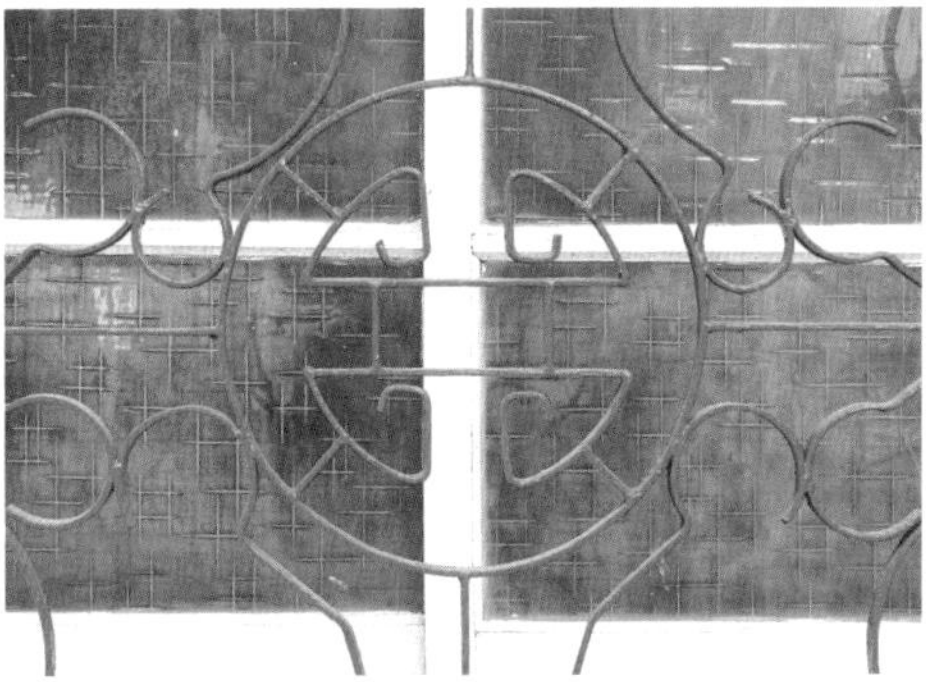

鉄窓花によく使われる色には、それぞれ意味があります。赤色はめでたさを象徴するほか、福を呼び込み厄を避ける色として知られています。廟のランタンや扉に描かれた絵をはじめ、民家の春聯《しゅんれん》（赤い紙にめでたい対句を書いたもの）にも赤が使われています。黄色は東洋の宗教では荘厳さを表すと共に、富をもたらす色ともされています。また、青色と緑色も宗教的な意味合いを持っています。

しかし家主に話を聞いてみると、あまり目立たない色、手入れのしやすい色を選んだだけという意見も多く、実用性も重視されているようです。同じくよく見かける色に青緑色と白がありますが、前者は眷村《けんそん》（第二次世界大戦後に中国大陸から台湾に移り住んだ軍人やその家族が住んでいた村落）の鉄窓花や、その内側の窓枠にも使われ、今では古い民家を象徴する色となっています。また、鉄窓花は定期的に手入れが必要なため、白壁の塗り直しにも使える白も人気でした。

青は落ち着いた色合いと
汚れが目立たないなどの理由から、
台湾の民家ではシャッターや
鉄窓花に用いられることが多い。

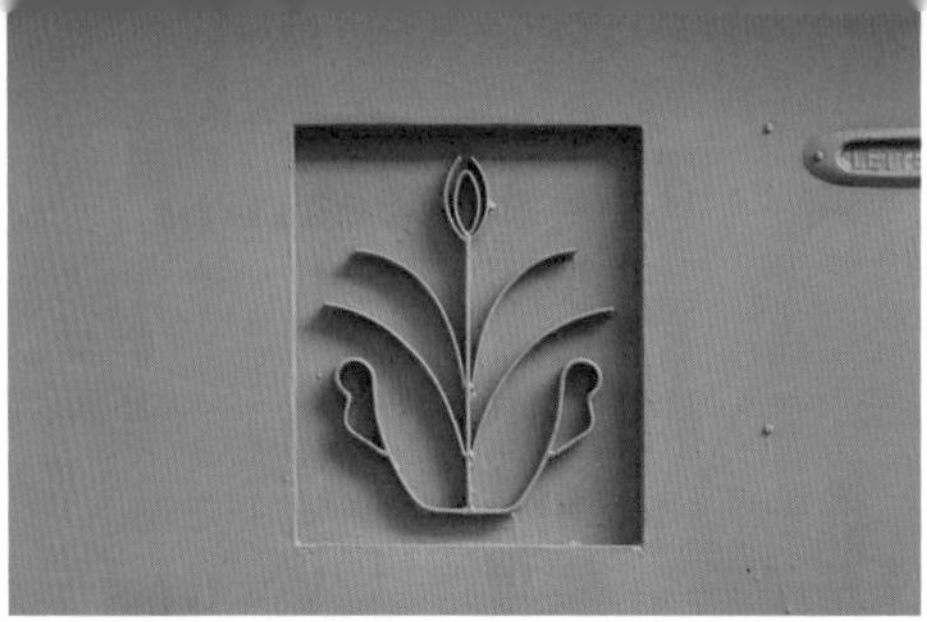

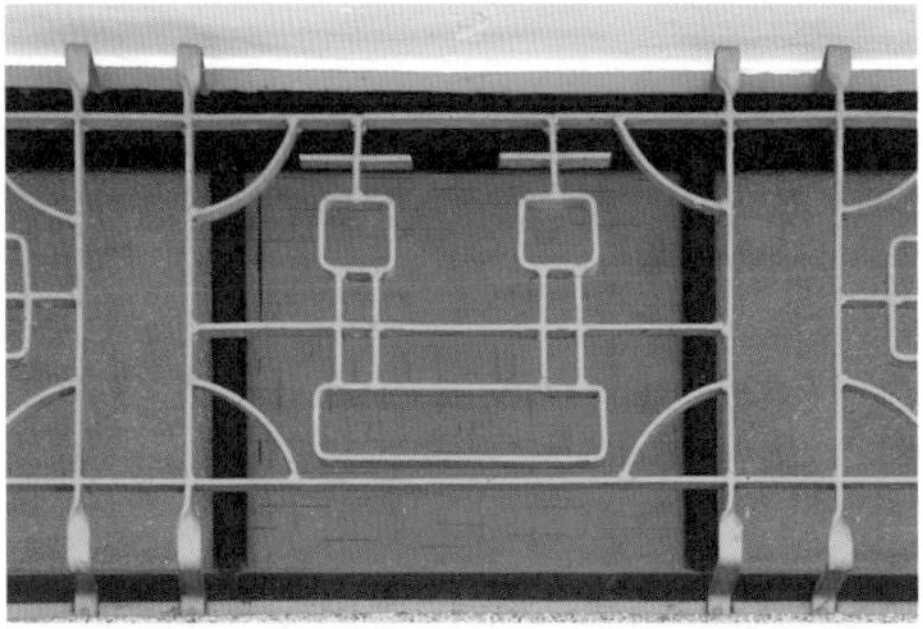

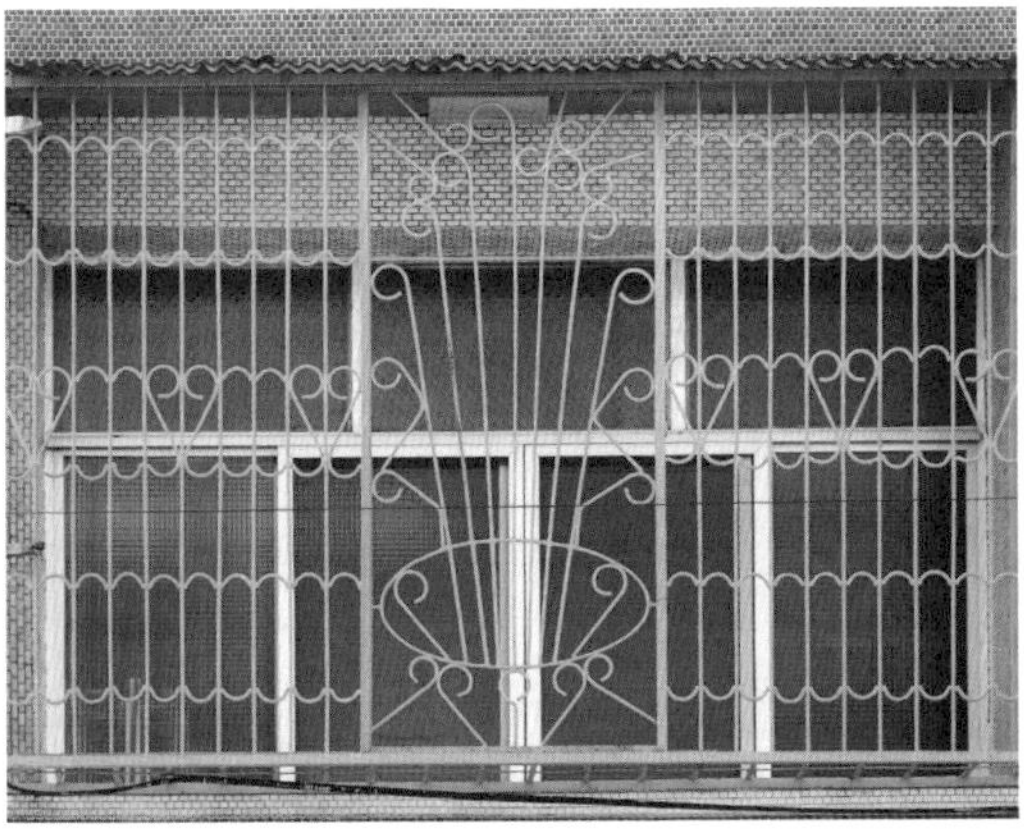

基建

鉄窓花にはさまざまな色が使われてきましたが、その中で「時間」は何にも取って代わることのできない色でしょう。塗り立てのペンキの鮮やかだった色は歳月と共に褪せてゆき、素朴さとしっとりとした温もりを持つようになります。たとえ〝レトロ風〟な鉄窓花を複製することができても、あるいは昔風なペンキの色合いを再現できたとしても、実際に家に何十年も寄り添い、黄昏のような温かな色味を帯びた鉄窓花は何にも代えがたい存在と言えるでしょう。

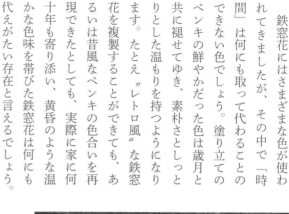

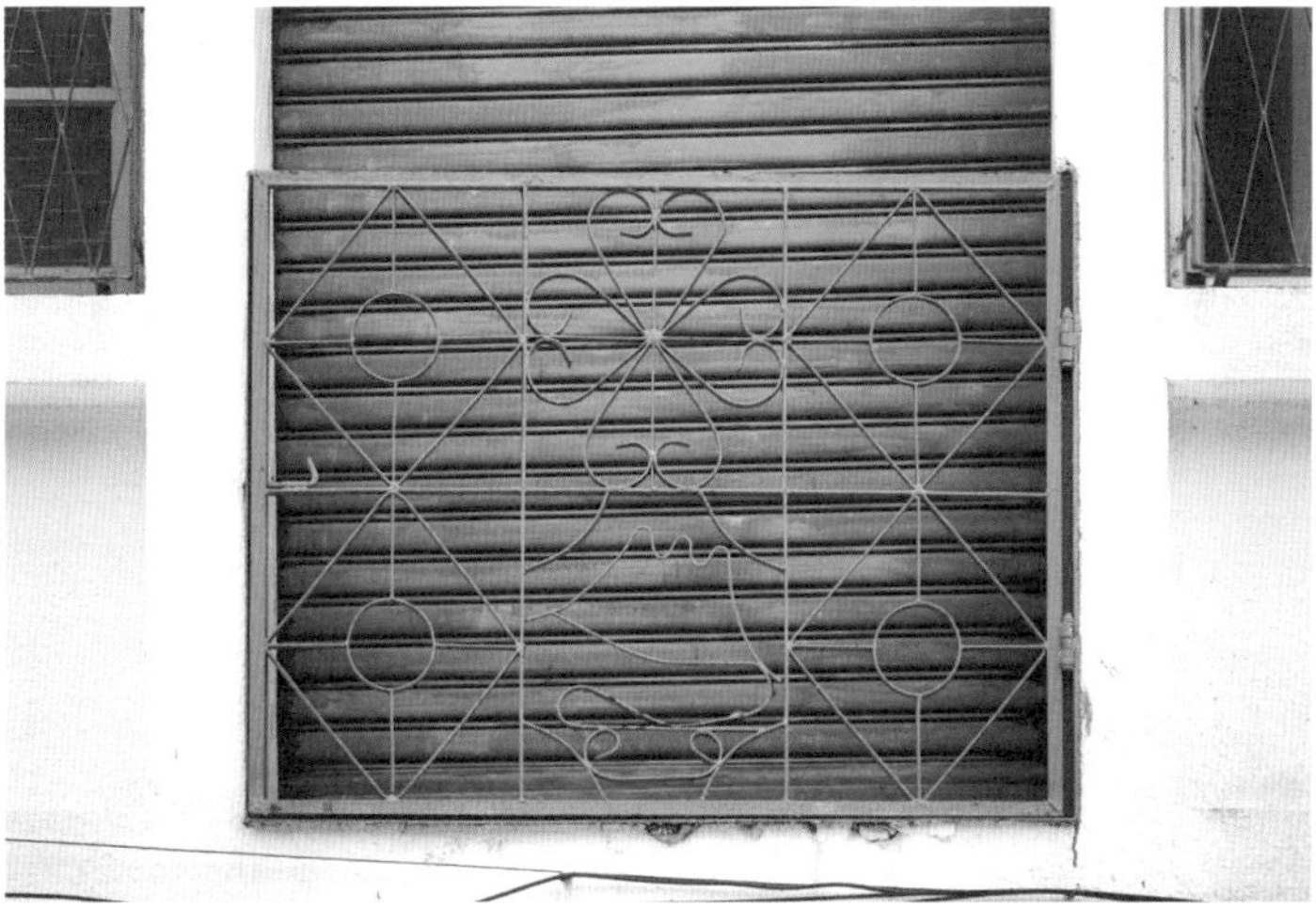

鉄窓花から窓枠、
扉まで、すべて緑で
塗られた建物。
利便性のために
一色のペンキで
済ませたのだろうが、
図らずも建築に
統一感をもたらしている。

第三章
鉄窓花に思いを寄せる

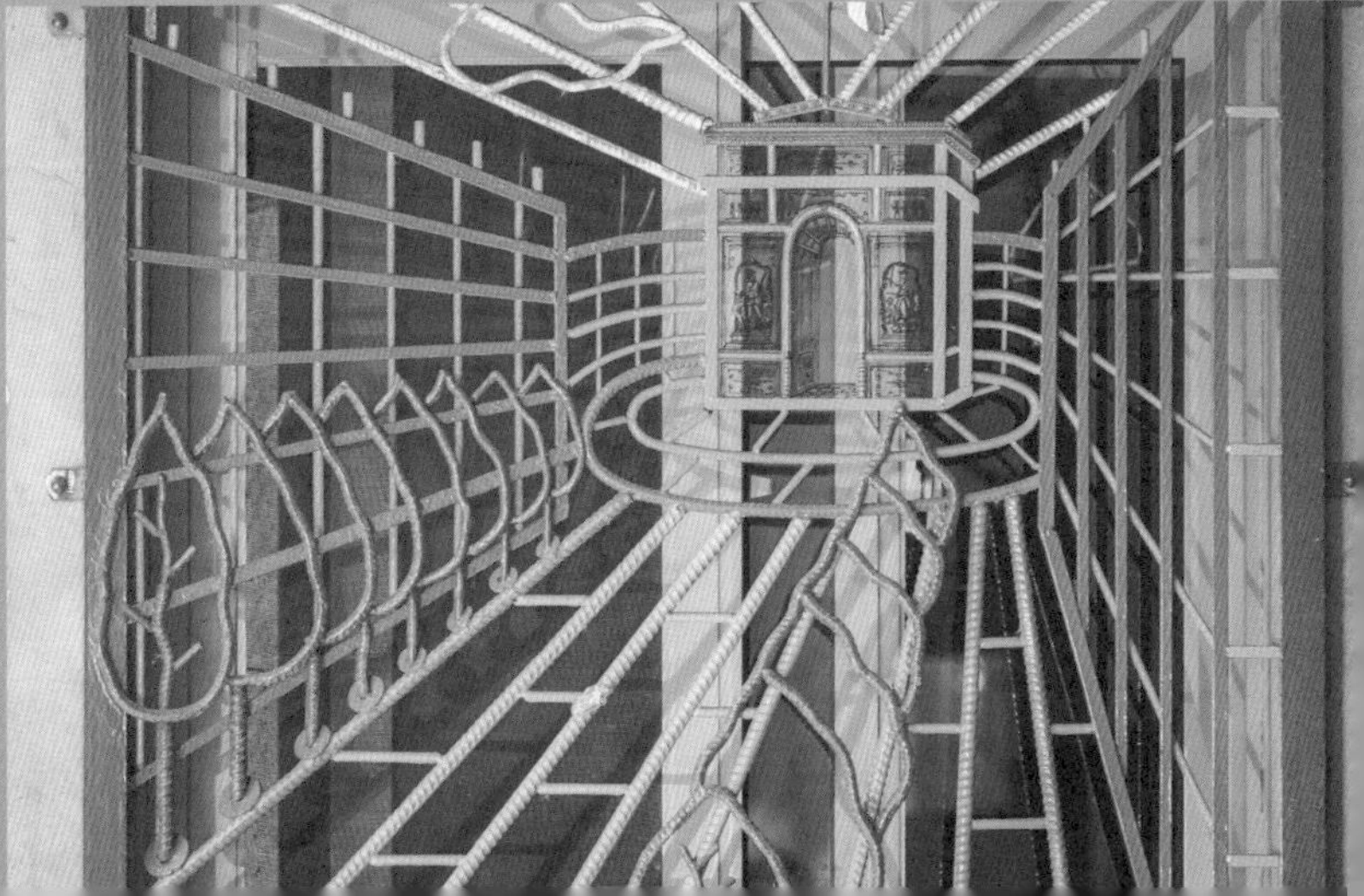

1

鉄窓花の愛で方

「鉄窓花はどこに行けば見つかる？　鑑賞のポイントは？」

『老屋顔』の読者からよく受ける質問です。私たちはルーティンワークのような決まり切った日常の中で生活してるためか、目にするものすべてを合理的、かつうわべだけを見て受け止めがちです。そこに欠けているのは感性と想像力による観察です。例えば古い麺屋の壁に掛けられた手書きの品書き。ずらりと並んだ料理名や価格は、お腹を空かしてやって来た客にしてみれば情報を伝えるものに過ぎず、料理が早々と運ばれてくれば、視線をふたたび向けられることはありません。しかし、値上げのために書き直された金額にも、色褪せた文字にも、すべてに歳月の流れが刻まれています。古い食堂の何気ない品書きにも、その字体やレイアウト、配色に至るまで、じっくりと観賞するに値する日常の美学が詰まっているのです。同じように、鉄窓花を見つけることはそれほど難しくはありません。実用性のために花を開かせた鉄窓花は、数十年経った今も家内安全を守り続け、時の洗礼を受けてなお、その美しさをたたえています。ただ、日常の中で人々に少しずつ忘れ去られてしまっているだけなのです。

第十一旅社

信箱
7-3

時空長廊
音樂餐廳

myfone

147
現炒
小吃部
檳榔
SUMMER
天然寶石

富大西藥行
今日按摩中心
燙染專家
名設計師親自服務
永昌
光復路

台中の旧市街に立つ古いアパート。
よく見るとそれぞれの家の
鉄窓花のデザインはどれも違う。

台北〜台中のおすすめエリア

鉄窓花に興味を持った読者であれば、既に自宅近くはリサーチ済みでしょう。鉄窓花を写真に収めるお薦めのルートについては、旧市街を散策してみると意外な収穫があるかもしれません。生活リズムの速い台北では、なかなか鉄窓花を見つける余裕がないというのであれば、休日に万華の龍山寺一帯に出かけてみてください。ここは台北でも開発が早く、古都の台南や鹿港《ルーガン》（彰化県）と肩を並べるエリアで、悠久な歴史を持つ廟が数多く残っているだけでなく、にぎやかな新富市場から青草巷（西昌街）へ歩いて行くと、周りには今も3〜5階建ての古いアパートが建っていて、ベランダや鉄の扉にさまざまな鉄窓花を見ることができます。或いは足を延ばし台湾の中部へ。台中市の旧市街には日本統治時代の交通や政治の中枢だった台中駅、旧州庁、市役所が残っています。何代も続く地元の老舗グルメ店は観光客であふれかえり、正面の古い看板もまた字体研究者の観察対象です。こうした老舗の多くは味や看板ばかりでなく、店舗の構えも当初のままなので、鉄窓花や時代的意義を持つ建築装飾を見つけることができるかもしれません。

ソーシャルメディアを活用

鉄窓花の鑑賞は難しい学問ではありません。普段使っているSNSでも簡単に情報を得ることができます。例えばインスタグラムで「老屋顔」、「老房子」「鐵窗花」（中国語）、「面格子」や「鉄窓花」（日本語）などのタグで検索すると、鉄窓花のある宿泊施設やレストランがずらりと出てきます。写真の中の鉄窓花を観察していくと、その形態や設置場所から、レトロ感を演出しただけのものなのか、当初のまま保存された空間なのかが分かってくるようになります。

映画のワンシーンの背景に目をこらす

近年、「台湾電影修復計画」（台湾映画修復計画）により、1950～70年代の映画が再上映されるようになりました。『焼肉粽』や『回来安平港』などの名作が撮影された時期は、ちょうど鉄窓花の最盛期と重なり、銀幕に映し出される鉄窓花はどれも正真正銘その時代のもの。特に印象的だったのが『王哥柳哥遊台灣』のワンシーンです。モノクロの世界の中で主役が三輪車の前後に乗っていて、登場人物が身に付けている服も、背景の人物が手にしている靴磨きの道具箱も、どれも古き良き時代の台湾の記憶です。私たちの視線を釘付けにしたのは、言うまでも

なく背景の騎楼（建物1階部分を半屋外にした通路）の鉄窓花でした。このシーンを手がかりに映画の中の鉄窓花を探してみたものの、街並みは30年の間に大きく変わってしまい、最後まで見つけることはできませんでした。

また、テレビドラマ『仲夏夜府城』（2013）のストーリーに沿って台南市をめぐり歩いたこともあります。ドラマに登場した夜の赤崁楼を訪れ、夜が明けたばかりの路地を歩きながら、沿路で見つけた表情豊かな鉄窓花を記録していきました。普段の生活の中でも、いつものルートから少し外れてみると、見慣れた路地の中に、懐かしさをかき立てる鉄窓花の風景を発見できるかもしれません。

台北は新しいビルが林立しているが、万華地区では今もあちこちに鉄窓花の姿を見ることができる。

租 政大盛地産
2740-9588

2 鉄窓花のお手入れ

古い建物の鉄窓花はたいてい室外に取り付けられているため、長年日差しや風雨にさらされ、劣化が進んでいます。そこで鉄窓花をどのように手入れするかが、レトロ建築を修繕する際の課題となりますが、鉄窓花が当初どのような方法で塗装されたのかを知れば、これからの保全にも役に立つはずです。元鉄工職人の話によれば、昔の鉄窓花は塗装前に必ず鉛丹《えんたん》を下塗りして錆止め処理を行い、その上から美観も兼ねて防水塗料を塗っていました。仕上げの上塗りはスプレー塗料ではなく、細い部分も塗布しやすく、色を自由に調整できる缶入りペンキを使うのが一般的だったようです。

離島や海風の強い沿海地域でない限り、定期的に手入れされた鉄窓花は錆の発生も少なく、普段は埃を落とすだけで十分ですが、強い日差しと湿度の高い環境では塗膜に亀裂が入り、錆の原因となってしまいます。ペンキを塗り直す場合は、まずワイヤーブラシで錆を落とします。効率を求めるならばディスクグラインダーを使用してもいいでしょう。錆を落とした後、鉛丹を塗って空気を遮断し、乾燥を待って最後の上塗りをします。その昔、錆落としは鉄工所の見習いの仕事でした。決まった給料もなく、理髪代とわずかな小遣いしかもらえなかった当時の見習いにとって、錆落としの仕事は生活費の足しを得るものでした。

私たちのフェイスブック（「老屋顔」）に素晴らしいデザインの鉄窓花の情報が寄せられると、どんなに遠くても時間を作って訪ねに行くことにしています。それは台湾の鉄窓花の記録を、より完全なものにしたいという思いからです。しかし、毎回うまく事が運ぶとは限らず、長年手入れされなかったために腐蝕が進んでいたり、既に売却されていたりすることもあります。修繕の手間を省くために、鉄窓花ごとセメントで塗り被せてしまったという事例もありました。適切な手入れさえ怠らなければ、鉄窓花はこの先もずっと家の安全を守り、建物に美しさを添えてくれるはずです。私たちの身の回りの門や窓、装飾などにもっ

と目を向ければ、台湾の民家のさまざまな特色が、これからも美しく咲き続けるでしょう。

❶ 表面処理：ワイヤーブラシで剥がれかけたペンキや錆を落とす。
❷❸❹ 下塗り：鉛丹を下塗りして空気を遮断。通常のお手入れの場合はこのステップを省いても構わないが、違う色に塗装し直す場合はベースに鉛丹を塗るのもよい。

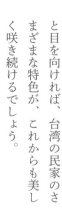

❺❻ ペンキ塗装：下地の防サビ塗料が完全に乾いたら好きな色のペンキを塗っていく。塗装が厚すぎたり液垂れが発生したりしないよう、ペンキは薄塗りを数回繰り返す。

3 心に残る鉄窓花

私たちにとってみれば、どの鉄窓花も記録すべき対象であり、どれも印象深いものばかりです。ただ、なかにはデザインそのものが印象的だったというよりも、鉄窓花に寄せるオーナーの思いに心を打たれたものもあります。最近、彰化鹿港で出会った鉄窓花がまさにそのような作品でした。それは一般の二次元の図案ではなく、さまざまな絵画技法を用いて立体感を際立たせたリアリティあふれる鉄窓花で、大胆な構図や鉄材の太さを巧みに運用したディテールの表現にも目を見張ります。

この鉄窓花の由来をぜひともオーナーから聞こうと、私たちは車

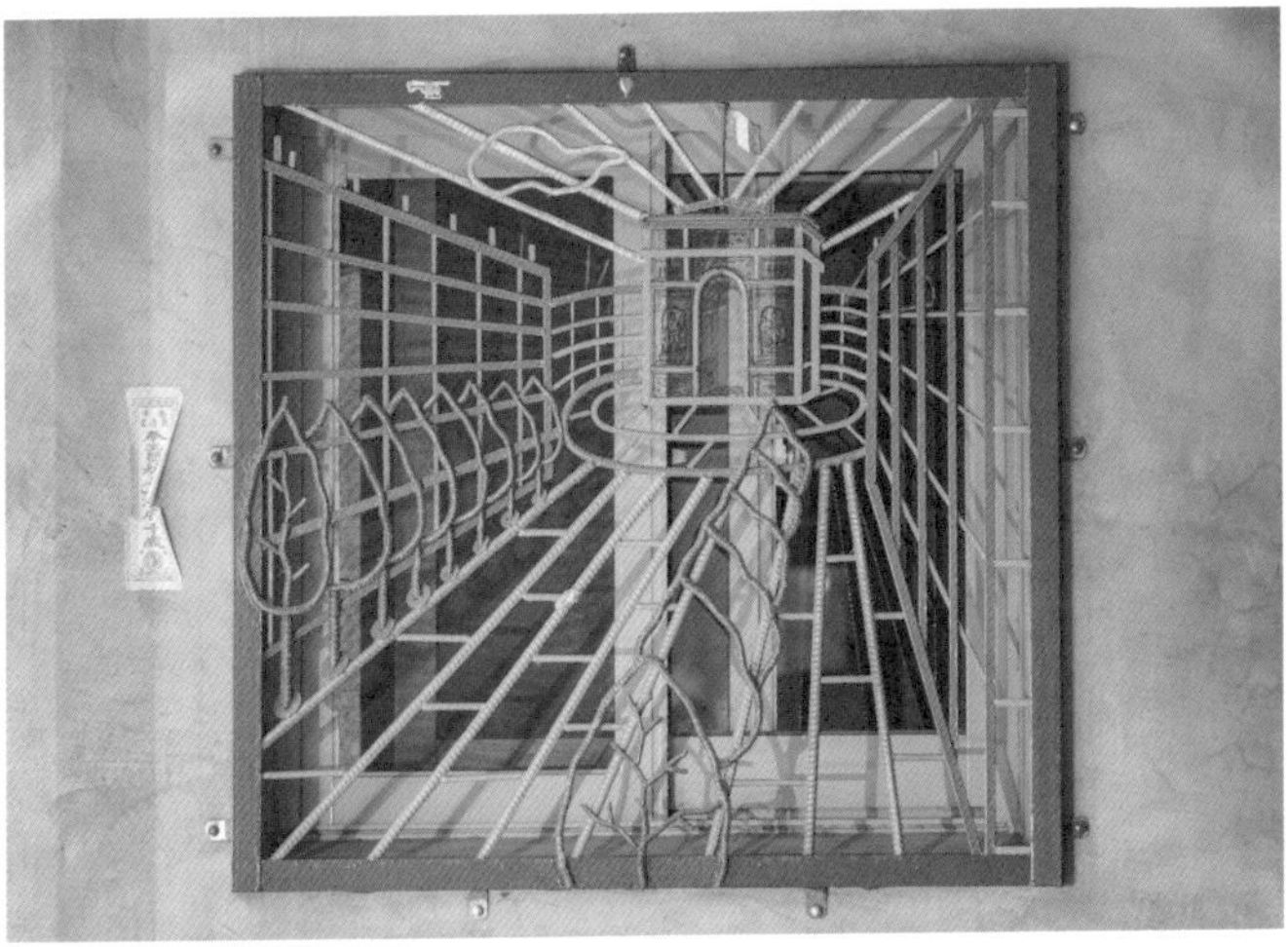

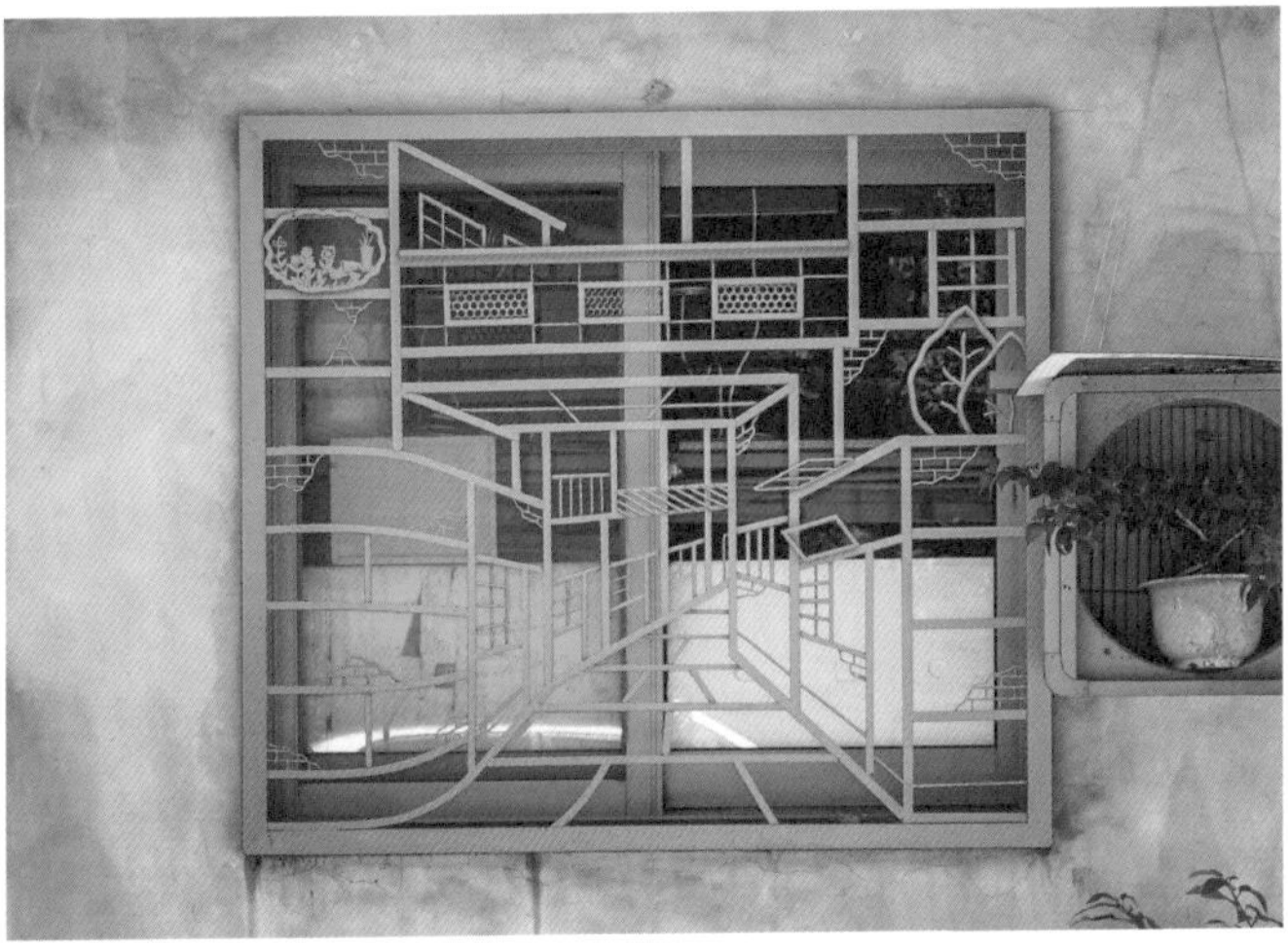

上から「パリの凱旋門」、
鹿港のレトロな観光名所
「十宜楼」、「半辺井」。

を南部へと走らせました。出先から戻ってきたオーナーは傘寿を超えた黄《ホアン》さん。なんと私たちをテレビで見かけたことがあるそうで、私たちが訪ねてきた理由を知って、鉄窓花を遮っていた近所のトラックをわざわざ移動してくれました。鉄窓花について話を聞くと、二十年前、建築業から退職したばかりの時に、趣味の絵画を鉄窓花にしようと思い立ったのが始まりだったそうです。黄さんが最初に手がけたのが「フランスの凱旋門」。いつか娘が連れて行ってくれたヨーロッパ旅行の思い出を鉄窓花にしたものでした。凱旋門に続くシャンゼリゼ大通りを遠近法で描写し、道の両側には並木がずらりと並んでいます。妥協知らずの黄さんは、鉄材で表現できない凱旋門の細部の模様を透明のアクリル板にサインペンで書き込み、全体の完成度を高めました。

二作目は地元の「十宜楼」。庶民の生活空間にひっそりと融け込んでいる十宜楼は、かつて文人が集う風雅な場所でした。同じく一点透視図法を用いた立体的な構図で、太い角棒で十宜楼両側の壁面を表現し、さらには細い鉄材でレンガのイメージを描写するというこだわりよう。左上の花瓶や草花の図案は出来合いの装飾を利用し、墨客が詩を読んだり絵を描いたりした十宜楼の趣を伝えています。

凱旋門をモチーフに、娘とフランスへ旅行した思い出を表した鉄窓花。

凱旋門はよく見るとディテールがアクリル板に描き込まれている。

上の枠の真ん中には、小さな気球が飛んでいる。

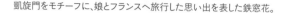

さらに網目の違う焼肉網を使って渡り廊下の透かしブロックを表現するなど、至るところに黄さんの創意が見て取れます。

網目模様の異なる焼肉用の網を使い、十宜楼の透かしブロックを巧みに再現。

実際の十宜楼のブロック部分。

彰化鹿港　十宜楼

「半辺井」の開閉できる両開きの扉は、孫のために特別に作った人形劇の舞台。

立体感が特徴の黄さんの作品ですが、三作目の「半辺井」は鉄窓花を前後二枚に並べて奥行き感をさらに強めた仕上がりになっています。手前の一枚は洋楼を囲んだ塀、奥の鉄窓花は洋楼建築のディテールを表現し、塀の外に突き出た井戸の半分もしっかりと取り付

けられ、まるで「半辺井」をその場で見ているような錯覚を覚えます。「これは説明しないと気付かないでしょうね」そう言って、黄さんは鉄窓花の小さな両開きの扉を開いてみせました。精緻を極めた鉄窓花にこんなからくりまで作ってしまうとは！　実はこの鉄窓花を作った当時、ちょうどお孫さんがよちよち歩きを始めたところで、孫のためにこの動く扉を作ったのだそうです。扉を開けば鉄窓花はたちまち布袋戯《ぽてひ》（台湾の伝統的な人形劇）の舞台となり、孫の人形遊びの場所となりました。

　家族の思い出や故郷の情景を鉄窓花というかたちで記録した黄さん。製作においても鉄パーツを一つひとつ自分の手で作り、最後の溶接作業だけを友人の鉄工職人にお願いしたという徹底ぶりです。話の中でひしひしと伝わってくる黄さんの鉄窓花への情熱、それがこの3枚の鉄窓花が私たちの心にこれほどまでに深く残っている所以なのでしょう。

＊かつて商業の町として栄えた鹿港は歴史が古く、今も残る古い建築には数々のいわれがある。路地の中に建つ「十宜楼」は、十の風雅なたしなみ「琴、棋、詩、画、花、月、煙（煙草）、酒、茶、博（博打）」に適した場所という意味で、家の主はよくここで文人墨客をもてなしていたという。当時の鹿港が経済の中心であったばかりでなく、文化的な活動も盛んだったことがうかがえる。一方、天后宮の脇にある「半辺井」は、裕福な家が井戸の半分を家の塀の外に出し、往来する人や家に井戸のない人々にも井戸水を使えるようにしたもので、鹿港の町の人情味を表している。

井戸の半円部分が立体的に表現されている。

実際の井戸。

三槐挺秀
康與心懷人益壽
槐披眾庶門庭迓歲新
三省吾身德業隨春發
千祥

彰化鹿港　半辺井

遠近法による奥行き感が黄さんの創作スタイル。写真は顔料にセメントを加えた「セメント半立体画」で、油絵よりも立体感が強く出ている。

スロープのセメントを敷き直した時に、思い出(スイス鉄道旅行、十宜楼、フランス凱旋門)をその上に刻んだ。創作への熱量が伝わってくる。

著者紹介

老屋顔（辛永勝・楊朝景）

台湾各地に足を運んで各年代のレトロ建築を訪ね歩き、レトロ建築のファンクラブ「老屋顔」を設立する。FacebookやInstagramなどのSNS上で情報発信するほか、「老屋顔アプリ」の開発など、さまざまな形でレトロ建築の魅力を伝える活動を行っている。著書に『台湾レトロ建築案内』『台湾名建築めぐり』（エクスナレッジ刊）。

www.facebook.com/OldHouseFace
www.instagram.com/oldhouseface/
www.flickr.com/photos/oldhouseface

訳者紹介

小栗山智（おぐりやま とも）

日中通翻訳者。東京外国語大学中国語学科卒業、台湾輔仁大学翻訳学研究所日中通翻訳科修了。香港で放送通訳、金融翻訳などのインハウス通翻訳を経て、現在はフリーランス。訳書に『台湾名建築めぐり』（エクスナレッジ）、『複眼人』（KADOKAWA）等がある。

台湾レトロ建築さんぽ
鉄窓花を探して

2021年12月13日　初版第1刷発行

著・写真　辛永勝・楊朝景

訳者　小栗山智

発行者　澤井聖一

発行所　株式会社エクスナレッジ
〒106-0032 東京都港区六本木7-2-26
https://www.xknowledge.co.jp/

問い合わせ先　［編集］
Tel: 03-3403-5898
Fax: 03-3403-0582
info@xknowledge.co.jp
［販売］
Tel: 03-3403-1321
Fax: 03-3403-1829